U0960814

小型企业财务报表审计工作底稿编制指南

（适用于审计执行企业会计制度的小型企业）

中国注册会计师协会　组织编写

中国财政经济出版社

图书在版编目（CIP）数据

小型企业财务报表审计工作底稿编制指南：适用于审计执行企业会计制度的小型企业/中国注册会计师协会组织编写.—北京：中国财政经济出版社，2008.11
ISBN 978-7-5095-1064-3

Ⅰ.小…　Ⅱ.中…　Ⅲ.小型企业—会计报表—审计—指南　Ⅳ.F276.3-62

中国版本图书馆 CIP 数据核字（2008）第171934号

中国财政经济出版社出版
URL：http：//ckfz.cfeph.cn
E-mail：ckfz@cfeph.cn
（版权所有　翻印必究）
社址：北京市海淀区阜成路甲28号　邮政编码：100142
发行处电话：88190406　财经书店电话：64033436
北京富生印刷厂印刷　各地新华书店经销
880×1230毫米　16开　25.25印张　717 000字
2008年11月第1版　2009年2月北京第5次印刷
印数:18 091—21 100　定价:60.00元
ISBN 978-7-5095-1064-3/F·0892
（图书出现印装问题,本社负责调换）

前　　言

为了加强对中小会计师事务所执行审计准则体系的指导，增强审计准则在小型企业财务报表审计中的操作性，进一步推动实施审计准则，在财政部王军副部长和中国注册会计师协会刘仲藜会长的关心和支持下，我们根据中国注册会计师审计准则和指南的要求，结合小型企业财务报表审计的特点，组织专家编写了《小型企业财务报表审计工作底稿编制指南》。

一、本指南的适用范围

本指南适用于注册会计师执行小型企业财务报表审计业务。所谓小型企业，与《中国注册会计师审计准则第1621号——对小型被审计单位审计的特殊考虑》中小型被审计单位的含义相同，是指资产总额或营业额较小，职工人数较少，所有权和管理权集中于少数个人，并具备下列一项或多项特征的企业：(1) 收入来源单一；(2) 会计记录简单；(3) 内部控制有限，存在管理层凌驾于内部控制之上的可能性。

目前，非金融企业执行的会计标准有三类，一是财政部2006年发布的企业会计准则（以下简称企业会计准则）；二是企业会计制度和16项具体会计准则（以下简称企业会计制度）；三是小企业会计制度。我们编写了两册指南，分别适用于执行企业会计准则和企业会计制度的小型企业的审计。由于执行小型企业会计制度且财务报表需要审计的企业数量较少，我们没有编写相应指南，注册会计师可以参照上述指南。

二、本指南的编写原则

指南力求体现以下原则：一是注重体现风险导向审计理念，突出风险评估程序的重要性，为注册会计师进行风险识别和评估提供详细的指导；二是注重程序之间的衔接，将风险评估和风险应对予以贯通，将控制测试和实质性程序相联结，提高审计效率；三是注重体现小型企业审计的特点，在遵守审计准则和保证审计质量的前提下，适当简化小型企业审计工作底稿，体现成本效益原则。

三、本指南的结构

工作底稿包括当期档案和永久性档案两大部分。当期档案是本指南的主体部分，贯穿了重大错报风险识别、评估和应对的审计工作主线，主要包括初步业务活动工作底稿、风险评估工作底稿、进一步审计程序工作底稿、其他项目工作底稿和业务完成阶段工作底稿。其中，进一步审计程序工作底稿包括控制测试和实质性程序两部分。永久性档案包括对以后审计工作具有长期参考价值的档案，其内容相对稳定，有关内容在本指南中作为附录提供。

四、使用本指南的注意事项

在使用本指南时，注册会计师应当特别注意以下事项：

第一，本指南不替代中国注册会计师审计准则和相关指南。本指南力求体现审计准则、相关指南的基本要求和核心审计程序，但没有涵盖审计准则和相关指南的全部规定，它是对执行中国注册会计师审计准则和相关指南的指导。

第二，本指南不替代注册会计师的职业判断。本指南侧重于说明风险导向审计模式下编制工作底稿的总体思路，由于小型企业的情况千差万别，不可能设计出一套适用于任何企业、任何情况的标准化工作底稿模板。因此，注册会计师在使用本指南时，应当充分运用职业判断，根据小型企业的实际情况和具体执业需要，设计审计程序和相应的工作底稿。

第三，本指南基于小型制造业企业的审计流程设计。对于商品流通企业、农业企业和石油天然气企业等特殊行业企业的审计，注册会计师应当充分考虑这些行业企业的特点，合理确定审计程序和审计流程。

本指南将小型企业的主要业务流程划分为采购与付款、销售与收款、仓储与生产、货币资金、费用、工薪与人事和财务报告编制等七个方面，并列示了主要控制活动。在实务中，业务流程的划分应与被审计单位的具体情况相适应，而不能机械套用本指南的划分方法。同样，被审计单位的业务流程不同，主要控制活动也不尽相同，注册会计师应当根据具体情况对不同的控制点进行了解和测试。

值此指南出版之际，谨向王军副部长和刘仲藜会长给予本指南研究和编写工作的关心和指导表示衷心的感谢！向所有支持和参与本指南编写工作的领导和专家们，表示衷心的感谢！

中国注册会计师协会

二〇〇八年十月

目　　录

第四部分　其他项目工作底稿

第五部分　业务完成阶段工作底稿

第六部分　附　录

小型企业财务报表审计工作底稿编制说明

审计工作底稿对于保证审计工作质量十分重要。审计工作底稿是注册会计师对审计工作的书面记录，也是指导、监督和复核审计工作的工具。在因执业质量而涉及诉讼或接受监管机构的执业质量检查时，审计工作底稿能够提供证据，证明注册会计师是否按照审计准则的规定执行了审计工作。

本部分首先阐述审计准则对编制工作底稿的规定，然后简要说明如何编制小型企业审计工作底稿。

一、审计准则对编制工作底稿的规定

《中国注册会计师审计准则第 1131 号——审计工作底稿》规范了审计工作底稿的格式、内容和范围，对编制工作底稿提出了总体要求。

（一）工作底稿编制的总体要求

《中国注册会计师审计准则第 1131 号——审计工作底稿》第九条规定，注册会计师编制的审计工作底稿，应当使得未曾接触该项审计工作的有经验的专业人士清楚地了解：（1）按照审计准则的规定实施的审计程序的性质、时间和范围；（2）实施审计程序的结果和获取的审计证据；（3）就重大事项得出的结论。

（二）确定审计工作底稿的格式、内容和范围时应当考虑的因素

《中国注册会计师审计准则第 1131 号——审计工作底稿》第十条规定，在确定审计工作底稿的格式、内容和范围时，注册会计师应当考虑下列因素：（1）实施审计程序的性质；（2）已识别的重大错报风险；（3）在执行审计工作和评价审计结果时需要作出判断的范围；（4）已获取审计证据的重要程度；（5）已识别的例外事项的性质和范围；（6）当从已执行审计工作或获取审计证据的记录中不易确定结论或结论的基础时，记录结论或结论的基础的必要性；（7）使用的审计方法和工具。

（三）记录测试项目或事项的识别特征

《中国注册会计师审计准则第 1131 号——审计工作底稿》第十一条和第十二条规定，在记录实施审计程序的性质、时间和范围时，注册会计师应当记录测试的特定项目或事项的识别特征。识别特征是指被测试的项目或事项表现出的征象或标志。如在对被审计单位生成的订购单进行细节测试时，注册会计师可能以订购单的日期或编号作为测试订购单的识别特征。

（四）重大事项概要

《中国注册会计师审计准则第 1131 号——审计工作底稿》第十四条规定，注册会计师应当考虑编制重大事项概要，将其作为审计工作底稿的组成部分，以有效地复核和检查审计工作底稿，并评价重大事项的影响。

重大事项通常包括：（1）引起特别风险的事项；（2）实施审计程序的结果，该结果表明财务信息可能存在重大错报，或需要修正以前对重大错报风险的评估和针对这些风险拟采取的应对措施；（3）导致注册会计师难以实施必要审计程序的情形；（4）导致出具非标准审计报告的事项。

重大事项概要包括审计过程中识别的重大事项及其如何得到解决，或对其他支持性审计工作底稿的交叉索引。此外，注册会计师应当及时记录与管理层、治理层和其他人员对重大事项的讨论，包括讨论的内容、时间、地点和参加人员。如果识别出的信息与针对某重大事项得出的最终结论相矛盾或不一致，注册会计师应当记录形成最终结论时如何处理该矛盾或不一致的情况。

（五）编制人员和复核人员

《中国注册会计师审计准则第1131号——审计工作底稿》第十七条规定，在记录实施审计程序的性质、时间和范围时，注册会计师应当记录：（1）审计工作的执行人员及完成该项审计工作的日期；（2）审计工作的复核人员及复核的日期和范围。在需要项目质量控制复核的情况下，还需要注明项目质量控制复核人员及日期。

（六）归档期限

《中国注册会计师审计准则第1131号——审计工作底稿》第十八条规定，注册会计师应当按照会计师事务所质量控制政策和程序的规定，及时将审计工作底稿归整为最终审计档案。审计工作底稿的归档期限为审计报告日后六十天内。如果注册会计师未能完成审计业务，审计工作底稿的归档期限为审计业务中止后的六十天内。

此外，其他审计准则对某一方面的审计工作应当记录的内容作出了特别规定。

二、风险评估及相关工作底稿编制说明

（一）风险评估工作记录要求

《中国注册会计师审计准则第1211号——了解被审计单位及其环境并评估重大错报风险》规定了风险评估工作记录的内容，指出注册会计师应当就下列内容形成审计工作记录：（1）项目组对由于舞弊或错误导致财务报表发生重大错报的可能性进行的讨论以及得出的重要结论；（2）注册会计师对被审计单位及其环境各个方面的了解要点（包括对内部控制各项要素的了解要点）、信息来源以及实施的风险评估程序；（3）注册会计师在财务报表层次和认定层次识别、评估出的重大错报风险；（4）注册会计师识别出的特别风险和仅通过实质性程序无法应对的重大错报风险以及对相关控制的评估。

（二）小型企业审计风险评估工作底稿编制说明

本指南风险评估工作底稿分为了解被审计单位及其环境（不包括内部控制）、了解被审计单位内部控制、舞弊风险评估与应对、项目组讨论纪要、风险评估结果汇总表和审计计划六部分。因了解内部控制内容较多，本指南将其单独列示在了解被审计单位内部控制工作底稿（见索引号：2200工作底稿）中，详细说明请见本说明第三部分。

1. 了解被审计单位及其环境（不包括内部控制）

了解被审计单位及其环境（不包括内部控制）工作底稿包括程序表（见索引号：2100工作底稿）、调查表（见索引号：2110工作底稿）和分析程序表（见索引号：2120工作底稿）三部分。

程序表记录注册会计师在了解被审计单位及其环境（不包括内部控制）时实施的风险评估程序。该表第一列例举了一些程序，供提示用。在实务操作时，注册会计师应当根据审计准则的规定，结合被审计单位的具体情况，填列实施的具体风险评估程序。在记录时，注册会计师应当注明被调查人的姓名和职位。

调查表记录实施程序表列示的风险评估程序了解到的被审计单位五个方面的内容，包括：（1）行业状况、法律环境与监管环境以及其他外部因素；（2）被审计单位的性质；（3）被审计单位对会计政策的选择和运用；（4）被审计单位的目标、战略以及相关经营风险；（5）被审计单位财务业绩的衡量和评价。本表第一列针对每个方面提供了一些了解项目，供提示用，并未囊括所有考虑

因素。在实务操作时，注册会计师应当根据审计准则的规定，结合被审计单位的具体情况，填列适用的了解项目。注册会计师在记录了解的内容和评估的风险时，如果涉及多个项目，可以综合考虑。注册会计师记录的内容应当支持重大错报风险评估结果，而没有必要记录了解到的所有事项。对于与财务报告相关的经营活动和程序不太复杂的小型企业，记录形式可以相对简单，内容可以相对简洁。

分析程序表记录实施的用作风险评估程序的分析程序。

2. 舞弊风险评估与应对

舞弊风险评估与应对工作底稿（见索引号：2300 工作底稿）是本部分的汇总表，记录实施的舞弊风险评估程序、评估出的舞弊风险以及采取的应对措施，后附三张工作底稿。一是舞弊风险评估询问记录（见索引号：2310 工作底稿），记录就舞弊风险询问管理层和其他人员了解到的结果。二是舞弊风险评估——考虑舞弊风险因素（见索引号：2320 工作底稿），记录对被审计单位舞弊风险三因素——动机、机会和借口的评估结果。三是舞弊风险评估——分析程序及其他考虑（见索引号：2330 工作底稿），记录实施分析程序并综合考虑获取的其他信息，评估被审计单位是否存在舞弊风险的结果。

3. 项目组讨论纪要——风险评估

项目组讨论纪要——风险评估（见索引号：2400 工作底稿）记录项目组讨论被审计单位财务报表发生重大错报风险的可能性的结论。在小型企业审计中，全部审计工作通常由较小的项目组完成。在这种情况下，项目负责人负责计划审计工作，考虑被审计单位财务报表发生舞弊或错误导致的重大错报的可能性。

4. 风险评估结果汇总表

风险评估结果汇总表（见索引号：2500 工作底稿）记录了解被审计单位及其环境识别的重大错报风险及应对方案，由以下三张表格组成：（1）识别的重大错报风险汇总表；（2）财务报表层次风险应对方案表；（3）特别风险结果汇总及应对措施表。注册会计师通过实施风险评估程序了解被审计单位及其环境的六个方面，识别和评估出的重大错报风险，均汇总在本表中。此外，本表还记录针对评估出的风险，注册会计师制定的应对措施。

5. 审计计划

在小型企业审计中，全部审计工作可能由一个很小的审计项目组执行，项目组成员间容易沟通和协调，总体审计策略和具体审计计划可以相对简单。本指南将两者合二为一，全部列示在审计计划（见索引号：2600 工作底稿）中。审计计划记录注册会计师确定的审计范围、业务时间安排、人员安排、重要性水平以及对重要账户和交易采取的进一步审计程序方案（计划矩阵）。计划矩阵针对评估的认定层次的重大错报风险，记录设计的进一步审计程序总体方案。

三、了解内部控制及相关工作底稿编制说明

《中国注册会计师审计准则第 1211 号——了解被审计单位及其环境并评估重大错报风险》第四十五条规定，注册会计师应当了解与审计相关的内部控制以识别潜在错报的类型，考虑导致重大错报风险的因素以及设计和实施进一步审计程序的性质、时间和范围。

（一）了解内部控制的内涵

《中国注册会计师审计准则第 1211 号——了解被审计单位及其环境并评估重大错报风险》第五十四条规定，注册会计师在了解内部控制时，应当评价控制的设计，并确定其是否得到执行。评价控制的设计是指考虑一项控制单独或连同其他控制是否能够有效防止或发现并纠正重大错报。控制得到执行是指某项控制存在且被审计单位正在使用。设计不当的控制可能表明内部控制存在重大缺陷，注册会计师在确定是否考虑控制得到执行时，应当首先考虑控制的设计。

（二）了解内部控制的思路

按照 COSO 的内部控制框架，内部控制包括控制环境、风险评估过程、信息系统与沟通、控制活动、对控制的监督五个要素。其中，控制环境、风险评估过程和对控制的监督三个要素更多体现在被审计单位整体层面，控制活动更多体现在业务流程层面，信息系统与沟通在两个层面都有体现。在实务中，注册会计师可分别从整体层面和业务流程层面了解内部控制。

在重要业务流程层面了解内部控制的一般步骤为：（1）确定被审计单位的重要业务流程和重要交易类别；（2）了解重要业务流程，并记录获得的了解；（3）确定可能发生错报的环节；（4）识别和了解相关控制；（5）执行穿行测试，证实对业务流程和相关控制的了解；（6）进行初步评价和风险评估。

（三）了解内部控制的特别规定

审计准则对注册会计师了解针对两类风险的内部控制作出了特别规定。

一是特别风险。《中国注册会计师审计准则第 1211 号——了解被审计单位及其环境并评估重大错报风险》第一百零九条规定，对特别风险，注册会计师应当评价相关控制的设计情况，并确定其是否已经得到执行。第一百一十条规定，如果管理层未能实施控制以恰当应对特别风险，注册会计师应当认为内部控制存在重大缺陷，并考虑其对风险评估的影响。

二是仅通过实质性程序无法应对的重大错报风险。《中国注册会计师审计准则第 1211 号——了解被审计单位及其环境并评估重大错报风险》第一百一十一条指出，作为风险评估的一部分，如果认为仅通过实质性程序获取的审计证据无法将认定层次的重大错报风险降至可接受的低水平，注册会计师应当评价被审计单位针对这些风险设计的控制，并确定其执行情况。第一百一十二条指出，在被审计单位对日常交易采用高度自动化处理的情况下，审计证据可能仅以电子形式存在，其充分性和适当性通常取决于自动化信息系统相关控制的有效性，注册会计师应当考虑仅通过实施实质性程序不能获取充分、适当审计证据的可能性。在这种情况下，注册会计师应当考虑依赖的相关控制的有效性，并对其进行了解、评估和测试。

（四）小型企业内部控制的特点

小型企业可能使用非正式和简单的程序和方法实现内部控制目标。

1. 控制环境

小型企业的控制环境可能与大型企业不同。例如，小型企业的治理层可能不包括独立董事。如果除业主（经理）外，企业不存在其他所有者，治理职责直接由业主（经理）承担。控制环境的性质可能影响其他控制的重要性。例如，业主亲自参与管理可以降低缺乏职责分离造成的特定风险，但有可能增加其他风险，比如凌驾于内部控制之上的风险。

在小型企业审计中，可能无法获取以文件形式存在的有关控制环境要素的审计证据，在管理层和其他人员之间的沟通采取非正式方式时尤其如此。例如，小型企业可能没有书面的行为守则，但却可以通过口头沟通或管理层的垂范，建立一种强调诚信和道德行为的文化。因此，管理层对内部控制设计的态度、认识和措施，对于注册会计师了解小型企业的控制环境非常重要。

2. 风险评估过程

小型企业可能没有正式的风险评估过程，管理层可能通过直接参与经营活动识别风险。尽管如此，注册会计师应当询问管理层已识别的风险以及管理层如何应对风险。

3. 信息系统与沟通

小型企业与财务报告相关的信息系统及相关的业务流程可能不如其他企业正式和复杂，但其作用却非常重要。业主亲自参与管理的小型企业可能不需要制定书面政策，或对会计程序作出详细说明。了解小型企业的系统和程序可能相对简单，更多地依靠询问，而不是对记录的检查。由于小型企业管理层级较少，管理层参与程度高，因而沟通可能较为简单，更易于实现。

4. 控制活动

小型企业控制活动的基本概念可能与大企业类似，但运行的正式程度有所不同。而且，某些控制活动可能由于管理层直接实施的控制而变得不再相关。例如，管理层统一行使授权赊销和批准重大采购的权力，这就为重要账户余额和交易提供了很强的控制，降低或消除了实施更详细控制活动的必要性。与小型企业审计相关的控制活动，可能与主要的业务流程相关，例如销售与收款、采购与付款、工薪与人事。

5. 控制监督

管理层对控制的监督通常通过管理层或业主密切参与经营活动实现。通过密切参与经营活动，管理层或业主可以识别实际情况与预期的重大差异和不正确的财务数据，从而采取纠正措施。

（五）了解小型企业内部控制工作底稿编制说明

了解内部控制常见的记录方式包括文字叙述、调查表和流程图等。对于小型企业审计，采用文字叙述和调查表可能更有效率。

本指南了解内部控制工作底稿分为了解整体层面内部控制和了解业务流程层面内部控制两个部分。

1. 了解整体层面内部控制工作底稿

了解整体层面内部控制工作底稿包括结论汇总表（见索引号：2210 工作底稿）和调查表（见索引号：2211 工作底稿）。

结论汇总表记录了解整体层面内部控制的结论，即识别的内部控制缺陷及其对重大错报风险评估、业务流程层面内部控制的有效性及审计计划的影响，是否需与被审计单位治理层或管理层沟通。

调查表是半开放式的，分为控制环境、风险评估过程、信息系统与沟通、对控制的监督四个组成部分。第一列针对每项控制要素，给出了一些考虑要点，供提示用，并未囊括所有考虑因素。在实务操作时，注册会计师应当根据审计准则的规定，结合被审计单位的具体情况，填列被审计单位设计和实施的具体控制。第二列记录注册会计师对控制设计的合理性及控制是否得到执行的结论。

2. 了解业务流程层面内部控制工作底稿

了解业务流程层面内部控制工作底稿由结论汇总表（见索引号：2220 工作底稿）、设计和执行情况评价表（见索引号：2221 工作底稿）和穿行测试表（见索引号：2221－1 工作底稿）三部分组成。

结论汇总表记录注册会计师对业务流程层面内部控制了解的主要结论，包括：（1）针对哪些认定拟实施控制测试；（2）识别的控制缺陷对重大错报风险评估的影响以及需与被审计单位治理层或管理层沟通的事项。

设计和执行情况评价表由三个主要部分组成：第一部分记录注册会计师实施的程序；第二部分是对各重要业务流程的描述；第三部分是对各重要业务流程控制活动的设计和执行情况进行评价的表格。重要业务流程因被审计单位具体情况的不同而各异。对一般小型制造业企业而言，采购与付款、销售与收款、仓储与生产、工薪与人事、货币资金、费用和财务报告编制通常是重要业务流程。

在描述各重要业务流程时，内容应当涵盖业务流程的整个过程，包括：（1）在信息技术和人工系统中，对交易生成、记录、处理和报告的程序；（2）与交易生成、记录、处理和报告有关的会计记录、支持性信息和财务报表中的特定项目。本指南以采购与付款为例演示如何描述业务流程。

在业务流程层面控制活动设计和执行情况评价表中，“主要控制活动”一列可在业务流程描述的基础上，选择关键控制活动进行填列。本指南列举了一些控制活动，供提示用，并未囊括所有关键控制。在实务操作时，注册会计师应当根据审计准则的规定，结合被审计单位的具体情况，填列被审计单位设计和实施的具体控制。

“受影响的主要认定”一列，如果某项控制活动能够防止或发现并纠正各类交易、账户余额、列报的某项认定中存在的重大错报，则在该认定对应的单元格内打“√”。

“是否得到执行”一列，应当根据穿行测试的结果填列。

“是否测试控制运行有效性”一列，填列注册会计师确定是否测试某项控制活动的决策结果。如果某项控制设计合理且得到执行，注册会计师才可考虑是否进行控制测试。即使某项控制活动满足上述条件，注册会计师仍可能出于成本效益的原则，不进行控制测试，这对小型企业审计尤其如此。例如，即使注册会计师在了解固定资产有关的内部控制后认为，与固定资产存在性有关的控制设计合理且得到执行，但由于本期增加的固定资产较少，注册会计师可以选择执行实质性程序收集充分、适当的审计证据，而不测试相关的控制。但是，如果注册会计师在评估认定层次重大错报风险时，预期控制的运行是有效的，或者注册会计师认为仅实施实质性程序不足以提供认定层次充分、适当的审计证据，注册会计师应当进行控制测试。

穿行测试是指追踪交易在财务报告信息系统中的处理过程。这是注册会计师了解被审计单位业务流程及其内部控制时经常使用的审计程序。通过追踪某笔或某几笔交易在业务流程中如何生成、记录、处理和报告以及相关内部控制如何执行，注册会计师可以确定被审计单位的交易流程和内部控制是否与之前通过其他程序所获得的了解一致，并确定内部控制是否得到执行。本指南以采购与付款业务流程为例，演示了如何填列穿行测试工作底稿。需要指出的是，示例是基于采购与付款业务流程描述的内容。在实务中，注册会计师应当根据被审计单位的具体情况填列。

四、控制测试及相关工作底稿编制说明

（一）控制测试

控制测试的目的是评价控制是否有效运行。注册会计师基于对被审计单位内部控制了解的结果，判断是否实施控制测试。当存在下列情形之一时，注册会计师应当实施控制测试：（1）在评估认定层次重大错报风险时，预期控制的运行是有效的；（2）仅实施实质性程序不足以提供认定层次充分、适当的审计证据。

在测试控制运行的有效性时，注册会计师应当从下列方面获取关于控制是否有效运行的审计证据：（1）控制在所审计期间的不同时点是如何运行的；（2）控制是否得到一贯执行；（3）控制由谁执行；（4）控制以何种方式运行。

控制测试与了解内部控制的目的不同，但两者采用的审计程序的类型通常相同，包括询问、观察、检查和穿行测试。此外，控制测试的程序还包括重新执行。

注册会计师应当根据控制测试的目的确认控制测试的时间，并确定拟信赖的相关控制的时点或期间。

如果拟信赖的控制自上次测试后已发生变化，注册会计师应当在本期审计中测试这些控制的运行有效性。如果拟信赖的控制自上次测试后未发生变化，且不属于旨在减轻特别风险的控制，注册会计师应当运用职业判断确定是否在本期审计中测试其运行有效性以及本次测试与上次测试的时间间隔，但两次测试的时间间隔不得超过两年。

在确定控制测试的范围时，注册会计师应充分考虑控制执行的频率、运行的期间、需获取审计证据的相关性和可靠性、在风险评估时对控制运行有效性的拟依赖程度及预期偏差率等因素。

（二）小型企业审计中的控制测试

对于小型企业，由于可能不存在注册会计师可以识别的控制活动，或员工人数较少限制了职责分离的程度，或者出于成本效益的考虑，注册会计师在设计进一步审计程序时主要采取实质性程序

可能更为有效。

（三）小型企业控制测试工作底稿编制说明

控制测试工作底稿分为两个部分：控制测试结果汇总表（见索引号：3000 工作底稿）、控制运行有效性测试表（见索引号：3100 工作底稿）和控制测试审计抽样工作底稿（见索引号：3110 工作底稿）。

结果汇总表包括整体层面控制测试结果和业务流程层面控制活动测试结果两部分。其中，“整体层面控制测试结果”中“拟测试的控制”一列根据注册会计师在了解整体层面内部控制调查表（见索引号：2211 工作底稿）中针对各要素所记录的被审计单位设计和实施的具体控制填列。“业务流程层面控制活动测试结果”中“控制活动”一列应当根据了解业务流程层面内部控制结论汇总表（见索引号：2220 工作底稿）“在被审计单位业务流程层面拟测试的控制活动”的结论填列。

本指南以采购与付款业务流程为例，演示了如何填列业务流程层面控制活动测试工作底稿。需要指出的是，示例基于采购与付款控制活动的设计和执行情况评价表举例的内容。在实务中，注册会计师应当根据被审计单位的具体情况填列。

“控制测试程序”一列填列注册会计师拟采取的控制测试程序，包括询问、观察、检查和重新执行等。

“执行频率”一列填列拟测试的控制在所审计会计期间执行的次数，主要供确定控制测试样本规模用。

“测试样本规模”一列填列根据执行频率因素等确定的测试数量。

“控制运行是否有效”一列填列测试的结论，应当索引至控制运行有效性测试表。

本指南提供了控制测试审计抽样工作底稿格式，供注册会计师在控制测试中运用审计抽样技术时参考。

五、实质性程序及相关工作底稿编制说明

（一）认定、审计目标和审计程序三者的对应关系

《中国注册会计师审计准则第 1301 号——审计证据》第十六条指出，“认定是指管理层对财务报表各组成要素的确认、计量、列报作出的明确或隐含的表达。”注册会计师应当详细运用各类交易、账户余额、列报认定，作为评估重大错报风险以及设计和实施进一步审计程序的基础。

注册会计师审计时，应针对各类交易、账户余额、列报的认定设定审计目标，并根据审计目标设计审计程序。但审计目标与审计程序并非一一对应，一个审计目标可能有一项或多项审计程序与之对应，一项审计程序也可能实现一个或多个审计目标。

本指南实质性程序工作底稿部分资产负债表和利润表项目的审计目标与认定对应关系表列示如下：

1. 资产负债表项目的审计目标与认定对应关系表

审计目标	财务报表认定				
	存在	完整性	权利和义务	计价和分摊	列报
A. 确定资产负债表中列示的项目是否存在。	√				
B. 确定应当在资产负债表中列示的项目是否均已列示。		√			

续表

审计目标	财务报表认定				
	存在	完整性	权利和义务	计价和分摊	列报
C. 确定列示的资产是否由被审计单位拥有或控制、列示的负债是否是被审计单位应当履行的偿还义务。			√		
D. 确定该项目是否以恰当的金额包括在财务报表中，与之相关的计价或分摊调整是否已恰当记录。				√	
E. 确定该项目是否已按照企业会计准则的规定在财务报表中恰当列报。					√

注：在具体财务报表项目的实质性审计程序表中，以英文字母代替相应的审计目标。

2. 利润表项目的审计目标与认定对应关系表

审计目标	财务报表认定					
	发生	完整性	准确性	截止	分类	列报
A. 确定利润表中列示的项目是否已发生，且与被审计单位有关。	√					
B. 确定应当在利润表中列示的项目是否均已列示。		√				
C. 确定与该项目有关的金额及其他数据是否已恰当记录。			√			
D. 确定该项目是否已记录于正确的会计期间。				√		
E. 确定该项目是否已记录于恰当的账户。					√	
F. 确定该项目是否已按照企业会计准则的规定在财务报表中恰当列报。						√

注：在具体财务报表项目的实质性审计程序表中，以英文字母代替相应的审计目标。

（二）关于“需从实质性程序获取的保证程度表”的填写说明

对于各类交易、账户余额和列报认定需从实质性程序获取的保证程度，应根据评估的各项认定的重大错报风险水平和可接受的审计风险，运用审计风险模型（即审计风险 = 重大错报风险 × 检查风险）确定。具体方法如下：

评估的各类交易、账户余额和列报认定的重大错报风险水平应当根据实施风险评估程序的结果确定为“高”、“中”或“低”，并与计划矩阵中的结果保持一致。在评估各项认定重大错报风险水平时，如果预期内部控制运行是有效的，或者认为仅实施实质性程序不足以提供认定层次充分、适当的审计证据，注册会计师应当实施控制测试以支持认定层次重大错报风险评估结果。如果控制测试的结果表明内部控制在拟依赖期间运行无效，注册会计师需要修正重大错报风险水平。

根据审计风险模型，在既定的审计风险水平下，可接受的检查风险水平与认定层次重大错报风险的评估结果呈反向关系。如果评估的某项认定重大错报风险水平为“高”（修正后），则该认定可接受的检查风险水平应当为“低”，因而需从实质性程序中获取的保证程度应当为“高”。反之亦然。

例如，在进行风险评估时，如果认为被审计单位应收账款的存在认定错报风险较高，但在了解针对该认定的内部控制后，注册会计师认为其设计合理、得到执行，并且预期运行是有效的，则该认定的重大错报风险水平可评估为“中”或“低”。如果实施控制测试的结果表明内部控制运行确实有效，则不需要修正初始的重大错报风险结论，反之，则需将重大错报风险评估结论修正为“高”。

审计实务中，某项认定评估的重大错报风险水平与需从实质性程序中获取的保证程度之间的对应关系如下表所示：

评估的重大错报风险水平	需从实质性程序中获取的保证程度
高	高
中	中
低	低

注：如果实施了控制测试，则评估的重大错报风险水平应当根据控制测试的结果予以修正。如果某财务报表项目本身不重要，且各项认定不存在重大错报风险，则该财务报表项目的所有认定“需从实质性程序中获取的保证程度”可全部填写为“低”。

（三）关于如何确定实质性程序的性质、时间和范围

本指南针对每个财务报表项目提供了实质性程序库。在确定拟实施的实质性程序时，注册会计师应围绕审计目标，结合审计准则的要求，特别是针对某项认定需从实质性程序中获取的保证程度和项目本身的重要性，有针对性地选择实质性程序并确定拟实施审计程序的时间和范围。

1. 实质性程序的性质

在选择拟实施的实质性程序时，如果针对某项认定需从实质性程序中获取的保证程度为“高”，则应选择能够提供最相关、可靠审计证据的实质性程序或实质性程序的组合。如果针对某项认定需从实质性程序中获取的保证程度为“中”、“低”或财务报表项目本身并不重要，则可适当减少实质性程序。但是，在选择实质性程序时，注册会计师应当遵守审计准则中对实质性程序的规定。

例如，《中国注册会计师审计准则第1231号——针对评估的重大错报风险实施的程序》第五十五条规定，注册会计师对重大错报风险的评估是一种判断，可能无法充分识别所有的重大错报风险，并且由于内部控制存在固有局限性，无论评估的重大错报风险结果如何，注册会计师都应当针对所有重大的各类交易、账户余额、列报实施实质性程序。再如，《中国注册会计师审计准则第1321号——函证》第八条规定，注册会计师应当对应收账款实施函证，除非有充分证据表明应收账款对财务报表不重要，或函证结果很可能无效。

2. 实质性程序的时间

在确定拟实施的实质性程序的时间时，如果针对某项认定需从实质性程序中获取的保证程度为“高”，则应当考虑在期末或接近期末实施实质性程序，或在管理层不能预见的时间实施审计程序。

3. 实质性程序的范围

在确定拟实施的实质性程序的范围时，注册会计师可以使用的方法包括选取全部项目、选取特定项目和审计抽样。注册会计师可以根据具体情况，单独或综合使用选取测试项目的三种方法。指南提供了审计抽样工作底稿。如果拟实施的实质性程序涉及凭证抽查、函证等，可参考使用该部分工作底稿。

（四）关于表格

指南提供了财务报表项目的审定表、明细表及其他工作底稿的范例。在审计过程中，注册会计师可根据被审计单位的具体情况和执业习惯，加以修改后使用。

第一部分

初步业务活动工作底稿

一、初步业务活动程序表

被审计单位：	索引号：1000
项目：	截止日/期间：
编制：	复核：
日期：	日期：

一、初步业务活动目标

1. 确定是否接受业务委托。
2. 如果接受业务委托，确保在计划审计工作时达到下列要求：
（1）注册会计师已具备执行业务所需要的独立性和专业胜任能力；
（2）不存在因管理层诚信问题而影响注册会计师承接或保持该项业务意愿的情况；
（3）与被审计单位不存在对业务约定条款的误解。

二、初步业务活动程序

初步业务活动程序	索引号	执行人
1. 如果是首次接受业务委托，实施下列程序： （1）与委托人面谈，讨论下列事项： ①审计的目标； ②审计报告的用途； ③管理层对财务报表的责任； ④审计范围； ⑤执行审计工作的安排，包括出具审计报告的时间要求； ⑥审计报告格式和对审计结果的其他沟通形式； ⑦管理层提供必要的工作条件和协助； ⑧注册会计师不受限制地接触任何与审计有关的记录、文件和所需要的其他信息； ⑨与审计涉及的客户内部审计人员和其他员工工作的协调（必要时）； ⑩审计收费，包括收费的计算基础和收费安排。 （2）初步了解客户及其环境，进行初步业务风险评估并予以记录。 （3）征得客户书面同意后，与前任注册会计师沟通。		
2. 如果是连续审计，实施下列程序： （1）了解审计的目标、审计报告的用途、审计范围和时间安排等是否发生变化；		

续表

初步业务活动程序	索引号	执行人
（2）查阅以前年度审计工作底稿，重点关注非标准审计报告、管理建议书和重大事项概要等； （3）初步了解客户及其环境发生的重大变化，进行初步业务风险评估并予以记录； （4）考虑是否需要修改业务约定条款，是否需要提醒客户注意现有的业务约定条款。		
3. 评价是否具备执行该项审计业务所需要的独立性和专业胜任能力。		
4. 完成业务承接/保持评价表。	1100	
5. 签订审计业务约定书（适用于首次接受业务委托，以及连续审计中修改长期审计业务约定条款的情况）。	1200	

二、业务承接/保持评价表[①]

被审计单位：______	索引号：1100
项目：______	截止日/期间：______
编制：______	复核：______
日期：______	日期：______

一、客户基本情况

1. 法定名称：______
   地址：______
   电话：______传真：______电子信箱：______
   网址：______
   联系人：______
2. 主要业务
______
______
3. 所有制性质（国有/外商投资/民营/其他）______
   组织形式______
4. 所有权结构、股东名称、注册资本、实收资本、公司成立日期
______
______
5. 子公司、合营企业、联营企业、分公司的基本情况
______
______
6. 所处行业是否属于高风险行业、发展趋势和竞争情况
______
______
7. 会计记录是否完整
______
______
8. 内部控制情况
______
______

① 本表主要适用于首次接受业务委托。对于连续审计业务，注册会计师应侧重记录客户及其环境的变化情况。

二、审计业务基本情况

审计报告用途	□ 通用目的 □ 特殊目的：________________
已审计财务报表的预期使用者	
提交审计报告的时间	

三、评价客户的诚信

客户的诚信	记录内容
考虑因素： 1. 主要股东、关键管理人员、关联方及治理层的身份和商业信誉； 2. 客户的经营性质； 3. 主要股东、关键管理人员及治理层对内部控制环境和会计准则等的态度； 4. 客户是否过分考虑将会计师事务所的收费维持在尽可能低的水平； 5. 注册会计师的工作范围受到不适当限制的迹象； 6. 客户可能涉嫌洗钱或其他刑事犯罪行为的迹象； 7. 变更会计师事务所的原因； …… 信息来源：（1）与为客户提供专业会计服务的现任或前任人员进行沟通，并与其讨论；（2）向会计师事务所其他人员、监管机构、金融机构、法律顾问和客户的同行等第三方询问；（3）从互联网等相关数据库中搜索客户的背景信息等。	
评价结论：	

四、可审性评价结论

根据上述对会计记录、内部控制和客户的诚信的了解，评价客户是否具有可审性。

五、评价独立性

评价项目	是/否
1. 识别并记录会计师事务所是否存在自身利益威胁、自我评价威胁、过度推介威胁、密切关系威胁和外在压力威胁等损害独立性的情形。这些情形包括但不限于： （1）向该客户收取的全部费用是否在会计师事务所审计收入总额中占有很大比重？	

续表

评价项目	是/否
（2）是否存在或有收费？ （3）是否存在逾期收费？ （4）会计师事务所的审计人员是否曾接受客户提供的贵重礼品或超规格招待？ （5）会计师事务所是否与客户发生诉讼或可能发生诉讼？ （6）会计师事务所高级管理人员是否与客户的董事或高级管理人员存在直系亲属或近缘亲属关系？ （7）会计师事务所高级管理人员是否与客户对财务报表产生重大影响的员工存在直系亲属或近缘亲属关系？ （8）客户的董事或高级管理人员，或所处职位能够对财务报表产生重大影响的员工近期是否曾是会计师事务所的合伙人？ （9）会计师事务所是否在客户中拥有经济利益？ （10）会计师事务所是否为客户提供可能威胁独立性的服务，包括行使管理层职责的服务、代理记账或代编报表等服务？ （11）会计师事务所是否在法律诉讼中以客户名义进行辩护或在共同的推广活动中以客户名义进行宣传？ （12）是否存在会计师事务所同一名高级职员多年执行该客户审计业务的情况？	
2. 如果对上述问题回答“是”，说明采取的防范措施。	
评价结论：	

六、评价专业胜任能力、时间和资源

时间和资源	是/否/不适用	详细情况
1. 根据会计师事务所目前的人力资源情况，是否拥有足够的具有必要素质和专业胜任能力的人员组成项目组？ 2. 是否能够在提交报告的最后期限内完成业务？		
专业胜任能力		
1. 项目组关键人员是否熟悉客户所处行业及主要业务，是否能够获取对客户及其环境的整体了解？ 2. 项目组关键人员是否充分了解适用于客户所处行业的会计处理？如否，是否能够获取相关知识，说明途径。 3. 执行业务是否需要特定专业知识？如是，是否能够获取这些知识或利用专家的工作，说明途径。		

续表

专业胜任能力	是/否/不适用	详细情况
4. 如果需要项目质量控制复核，是否具备符合标准和资格要求的项目质量控制复核人员？		
评价结论：		

七、总体评价

对该项业务的总体评价： 基于我们目前对客户的了解，该客户的风险水平为： □高风险　□中等风险　□低风险

八、审计收费可回收性评价

1. 预计审计收费：____________________ 2. 成本能否收回：____________________

九、结论

项目负责人： 基于上述方面，我们________（接受或不接受）此项业务。 签名：____________________ 日期：____________________	风险管理负责人（必要时）： 基于上述方面，我们________（接受或不接受）此项业务。 签名：____________________ 日期：____________________
最终结论：____________________	

索引号：1200

三、审计业务约定书

甲方：S公司

乙方：××会计师事务所

兹由甲方委托乙方对20×8年度财务报表进行审计，经双方协商，达成以下约定：

一、业务范围与审计目标

1. 乙方接受甲方委托，对甲方按照企业会计制度编制的20×8年12月31日的资产负债表，20×8年度的利润表和现金流量表以及财务报表附注（以下统称财务报表）进行审计。

2. 乙方通过执行审计工作，对财务报表的下列方面发表审计意见：（1）财务报表是否按照企业会计制度的规定编制；（2）财务报表是否在所有重大方面公允反映甲方的财务状况、经营成果和现金流量。

二、甲方的责任与义务

（一）甲方的责任

1. 根据《中华人民共和国会计法》及《企业财务会计报告条例》，甲方及甲方负责人有责任保证会计资料的真实性和完整性。因此，甲方管理层有责任妥善保存和提供会计记录（包括但不限于会计凭证、会计账簿及其他会计资料），这些记录必须真实、完整地反映甲方的财务状况、经营成果和现金流量。

2. 按照企业会计制度的规定编制财务报表是甲方管理层的责任，这种责任包括：（1）设计、实施和维护与财务报表编制相关的内部控制，以使财务报表不存在由于舞弊或错误而导致的重大错报；（2）选择和运用恰当的会计政策；（3）作出合理的会计估计。

（二）甲方的义务

1. 及时为乙方的审计工作提供其所要求的全部会计资料和其他有关资料（在20×9年×月×日之前提供审计所需的全部资料），并保证所提供资料的真实性和完整性。

2. 确保乙方不受限制地接触任何与审计有关的记录、文件和所需的其他信息。

3. 甲方管理层对其作出的与审计有关的声明予以书面确认。

4. 为乙方派出的有关工作人员提供必要的工作条件和协助，主要事项将由乙方于外勤工作开始前提供清单。

5. 按本约定书的约定及时足额支付审计费用以及乙方人员在审计期间的交通、食宿、询证等其他相关费用。

三、乙方的责任和义务

（一）乙方的责任

1. 乙方的责任是在实施审计工作的基础上对甲方财务报表发表审计意见。乙方按照中国注册会计师审计准则（以下简称审计准则）的规定进行审计。审计准则要求注册会计师遵守职业道德规范，计划和实施审计工作，以对财务报表是否不存在重大错报获取合理保证。

2. 审计工作涉及实施审计程序，以获取有关财务报表金额和披露的审计证据。选择的审计程序取决于乙方的判断，包括对由于舞弊或错误导致的财务报表重大错报风险的评估。在进行风险评估时，乙方考虑与财务报表编制相关的内部控制，以设计恰当的审计程序，但目的并非对内部控制的有效性发表意见。审计工作还包括评价管理层选用会计政策的恰当性和作出会计估计的合理性，以及评价财务报表的总体列报。

3. 乙方需要合理计划和实施审计工作，以使乙方能够获取充分、适当的审计证据，为甲方财务报表是否不存在重大错报获取合理保证。

4. 乙方有责任在审计报告中指明所发现的甲方在某重大方面没有遵循企业会计制度编制财务报表且未按乙方的建议进行调整的事项。

5. 由于测试的性质和审计的其他固有限制，以及内部控制的固有局限性，不可避免地存在着某些重大错报在审计后可能仍然未被乙方发现的风险。

6. 在审计过程中，乙方如发现甲方内部控制存在乙方认为的重要缺陷，可向甲方提交管理建议书。但乙方在管理建议书中提出的各种事项，并不代表已全面说明所有可能存在的缺陷或已提出所有可行的改善建议。甲方在实施乙方提出的改善建议前应全面评估其影响。未经乙方书面许可，甲方不得向任何第三方提供乙方出具的管理建议书。

7. 乙方的审计不能减轻甲方及甲方管理层的责任。

（二）乙方的义务

1. 按照约定时间完成审计工作，出具审计报告。乙方应于20×9年×月×日前出具审计报告。

2. 除下列情况外，乙方应当对执行业务过程中知悉的甲方信息予以保密：（1）取得甲方的授权；（2）根据法律法规的规定，为法律诉讼准备文件或提供证据，以及向监管机构报告发现的违反法规行为；（3）接受行业协会和监管机构依法进行的质量检查；（4）监管机构对乙方进行行政处罚（包括监管机构处罚前的调查、听证）以及乙方对此提起行政复议。

四、商定的沟通对象

双方商定，乙方在根据审计准则的规定与治理层沟通时，主要与甲方董事会或执行董事进行沟通。同时，乙方保留针对特定事项或在特定情形下与甲方________［股东会整体或执行董事］沟通的权利。

五、审计收费

1. 本次审计服务的收费是以________（说明收费的计算基础，例如：乙方各级别工作人员在本次工作中所耗费的时间）为基础计算的。乙方预计本次审计服务的费用总额为人民币××万元。

2. 甲方应于本约定书签署之日起××日内支付×%的审计费用，其余款项于［审计报告草稿完成日］结清。

3. 如果由于无法预见的原因，致使乙方从事本约定书所涉及的审计服务实际时间较本约定书签订时预计的时间有明显的增加或减少时，甲、乙双方应通过协商，相应调整本约定书第五条第1项下所述的审计费用。

4. 如果由于无法预见的原因，致使本约定书所涉及的审计服务不再进行，________________（由双方协商确定解决办法）；如上述情况发生于乙方人员完成现场审计工作，并离开甲方的工作现场之后，甲方应另行向乙方支付人民币××元的补偿费，该补偿费应于甲方收到乙方的收款通知之日起××日内支付。

5. 与本次审计有关的其他费用（包括交通费、食宿费、询证费等）由甲方承担。

六、审计报告的出具及使用限制

1. 乙方按照《中国注册会计师审计准则第 1501 号——审计报告》和《中国注册会计师审计准则第 1502 号——非标准审计报告》规定的格式和类型出具审计报告。

2. 乙方向甲方致送审计报告一式××份。

3. 甲方在提交或对外公布审计报告时，不得修改乙方出具的审计报告及其后附的已审计财务报表。当甲方认为有必要修改会计数据、报表附注和所作的说明时，应当事先通知乙方，乙方将考虑有关的修改对审计报告的影响，必要时，将重新出具审计报告。

七、本约定书的有效期间

本约定书自签署之日起生效，并在双方履行完毕本约定书约定的所有义务后终止。但其中第三（二）2、五、六、九、十、十一项并不因本约定书终止而失效。

八、约定事项的变更

如果出现不可预见的情况，影响审计工作如期完成，或需要提前出具审计报告，甲、乙双方均可要求变更约定事项，但应及时通知对方，并由双方协商解决。

九、终止条款

1. 如果根据乙方的职业道德及其他有关专业职责、适用的法律法规或其他任何法定的要求，乙方认为已不适宜继续为甲方提供本约定书约定的审计服务时，乙方可以采取向甲方提出合理通知的方式终止履行本约定书。

2. 在终止业务约定的情况下，乙方有权就其于本约定书终止之日前对约定的审计服务项目所做的工作收取合理的审计费用。

十、违约责任

甲、乙双方按照《中华人民共和国合同法》的规定承担违约责任。

十一、适用法律和争议解决

本约定书的所有方面均应适用中华人民共和国法律进行解释并受其约束。本约定书履行地为乙方出具审计报告所在地，因本约定书所引起的或与本约定书有关的任何纠纷或争议（包括关于本约定书条款的存在、效力或终止，或无效之后果），双方选择以下第________种解决方式：

1. 向有管辖权的人民法院提起诉讼；

2. 提交××仲裁委员会仲裁。

十二、双方对其他有关事项的约定

本约定书一式两份，甲、乙方各执一份，具有同等法律效力。

甲方：S 公司（盖章）	乙方：××会计师事务所（盖章）
法定代表人或授权代表：（签名盖章）	法定代表人或授权代表：（签名盖章）
二〇×九年×月×日	二〇×九年×月×日

第二部分

风险评估工作底稿

一、了解被审计单位及其环境（不包括内部控制）

了解被审计单位及其环境（不包括内部控制）程序表

被审计单位：	索引号：2100
项目：	截止日/期间：
编制：	复核：
日期：	日期：

一、审计目标

从以下方面了解被审计单位及其环境，并评估财务报表层次和认定层次的重大错报风险：

1. 行业状况、法律环境与监管环境以及其他外部因素；
2. 被审计单位的性质；
3. 被审计单位对会计政策的选择和运用；
4. 被审计单位的目标、战略以及相关经营风险；
5. 被审计单位财务业绩的衡量和评价。

二、实施的风险评估程序

风险评估程序	索引号	执行人
1. 了解行业状况、法律环境与监管环境以及其他外部因素，评估相关风险： （1）向被审计单位的董事、总经理等相关人员询问行业、法律环境与监管环境以及其他外部因素； （2）查阅以前年度审计工作底稿（适用于连续审计）、内部与外部的相关信息资料。 （3）其他相关程序。	2110	
2. 了解被审计单位的性质，评估相关风险： （1）向管理层询问被审计单位所有权结构、治理结构和组织结构； （2）向销售主管询问主要客户和合同、付款条件、主要竞争者、定价政策、营销策略等相关情况； （3）了解经营、投资、筹资活动，并查阅主要合同； （4）实地察看被审计单位主要生产经营场所； （5）其他相关程序。	2110	

续表

风险评估程序	索引号	执行人
3. 了解被审计单位对会计政策的选择和运用，评估相关风险： （1）向财务负责人询问被审计单位采用的主要会计政策、会计政策变更的情况、财务人员构成情况等； （2）查阅被审计单位会计工作手册、操作指引等财务资料和内部报告（如有）； （3）其他相关程序。	2110	
4. 了解被审计单位的目标、战略以及相关经营风险，评估相关风险： （1）向管理层询问被审计单位实施的或准备实施的目标和战略。 （2）其他相关程序。 注：小型企业通常没有正式的计划和程序来确定其目标、战略并管理经营风险。注册会计师应通过访谈，询问被审计单位的目标、战略以及如何管理经营风险。	2110	
5. 了解被审计单位财务业绩的衡量和评价，评估相关风险： （1）向管理层询问被审计单位管理层和员工业绩考核与激励性报酬政策以及不同层次部门的业绩报告等； （2）实施分析程序，将内部财务业绩指标与被审计单位设定的目标值进行比较，与竞争对手的业绩进行比较，分析业绩趋势； （3）其他相关程序。 注：小型企业通常没有正式的财务业绩衡量和评价程序，管理层往往依据某些关键指标，作为评价财务业绩和采取适当行动的基础，注册会计师应当了解管理层使用的关键指标。	2110 2120	
6. 根据了解被审计单位及其环境的情况，评估相应的财务报表层次和认定层次的重大错报风险。	2500	

了解被审计单位及其环境（不包括内部控制）调查表

被审计单位：	索引号：2110
项目：	截止日/期间：
编制：	复核：
日期：	日期：

编制说明：在进行了解时，应考虑下列表格中列示的项目，但考虑内容不限于这些项目。在记录了解的内容时，如果涉及到多个项目，可以综合考虑并予以记录。

在记录了解的内容和评估的风险时，应注明被调查人姓名、职位、相关的信息来源及相关工作底稿（如有）索引。

一、行业状况、法律环境与监管环境以及其他外部因素

（一）行业状况

了解的项目	了解的内容和评估的风险	索引号或信息来源
1. 被审计单位所处行业。 2. 行业的总体发展趋势（如起步、快速增长、成熟、停滞、萎缩）。如果行业发展处于停滞及萎缩阶段，应说明对被审计单位的影响。 3. 相对于行业的发展趋势，被审计单位的发展趋势如何（如快于行业发展、与行业同步、慢于行业发展）？如果被审计单位的发展速度低于行业平均水平，应说明对其的影响。 4. 行业的竞争情况。 5. 行业是否受经济周期的影响？影响程度如何？如果行业受经济周期的影响程度较大，应说明对被审计单位的影响。 6. 行业生产经营和销售是否受季节影响？如果受季节影响，每年的销售旺季和淡季是什么时间？对业务影响程度如何？是否会导致重大风险？ 7. 行业是否受特定生产技术的影响？如是，应具体说明对被审计单位的影响。 8. 行业是否对能源有较高的依赖程度？如是，能源消耗在成本中所占比重是多少？能源价格变化对被审计单位成本的影响如何？ 9. 行业是否有特定的关键指标？如有，被审计单位的关键指标是否与行业的平均水平存在显著差异？		

（二）法律环境与监管环境

了解的项目	了解的内容和评估的风险	索引号或信息来源
1. 对被审计单位经营活动产生重大影响的法律法规及监管环境，如行业监管、产品责任、环境保护、安全生产、人力资源等。 2. 现行的货币政策、财政政策、关税和贸易限制和税务法规对被审计单位经营活动、投资活动及筹资活动是否产生重大影响？ 3. 被审计单位所涉及的主要税种有哪些？税率如何？ 4. 被审计单位是否享受税收优惠政策？如是，说明具体的税收优惠政策，并考虑相关的风险。 5. 税务部门、行业主管部门等有关部门近期是否对被审计单位进行检查？如是，说明检查结果，并考虑相关的风险。		

（三）其他外部因素

了解的项目	了解的内容和评估的风险	索引号或信息来源
1. 宏观经济景气度对被审计单位所处行业及其经营活动产生的重大影响。 2. 当前的利率水平对被审计单位的经营活动、投资活动及筹资活动产生的重大影响。 3. 当期的通货膨胀水平对被审计单位的销售和采购价格产生的影响。 4. 汇率波动对被审计单位生产经营的影响。		

二、被审计单位的性质

（一）所有权结构

1. 被审计单位的所有权性质为______________________。
2. 被审计单位的股权结构

投资者名称	投资者性质	出资额	出资比例

3. 被审计单位的子公司情况

子公司名称	子公司注册资本	被审计单位出资比例	业务及规模概述

4. 被审计单位的关联方及可能的关联交易

关联方名称	与被审计单位的关系	主要交易类型	定价政策

（二）治理结构及组织结构

了解的项目	了解的内容和评估的风险	索引号或信息来源
1. 被审计单位的治理结构情况： （1）股东会、董事会（执行董事）的构成情况； （2）股东会、董事会运作情况； （3）业主对被审计单位经营活动的参与程度。 2. 组织结构与业务的匹配程度。		

（三）经营活动

了解的项目	了解的内容和评估的风险	索引号或信息来源
1. 被审计单位销售的产品或提供的服务。 2. 与生产产品或提供服务相关的信息，如主要客户、合同条款、定价政策、付款条件、利润率等。 3. 业务开展情况，如业务分部的设立情况、产品和服务的交付情况等。 4. 联盟、合营与外包情况。 5. 从事电子商务的情况。 6. 业务的地域分布情况。 7. 主要客户及对关键客户的依赖程度。 8. 重要供应商及对关键供应商的依赖程度。 9. 雇员数量、薪酬水平。 10. 劳动力供应、劳动法规对被审计单位的影响。 11. 被审计单位为雇员缴纳社会保险的情况。 12. 被审计单位重大的研究开发活动及其影响。		

（四）投资活动

了解的项目	了解的内容和评估的风险	索引号或信息来源
1. 被审计单位的投资活动，如证券投资、债权投资、股权投资、其他投资及投资的处置情况。 2. 被审计单位重大的资本性开支及计划情况。 3. 被审计单位未纳入合并范围的投资。		

（五）筹资活动

了解的项目	了解的内容和评估的风险	索引号或信息来源
1. 被审计单位的筹资活动，如银行借款、关联方借款、经营租赁、融资租赁、票据贴现等。 2. 筹资活动导致的抵押、质押等担保情况。 3. 被审计单位筹资合同中的限制性条款及其影响。 4. 被审计单位的出资人与实际受益人是否一致。		

三、被审计单位对会计政策的选择和运用

（一）被审计单位重要的会计政策

重要的会计政策	被审计单位选择和运用的会计政策	对会计政策选择和运用的评价
存货发出的成本计价方法	例如：先进先出、加权平均、其他（说明）	
生产成本的核算方法		
制造费用的分配方法		
低值易耗品的摊销方法		
应收账款减值准备的计提方法		
固定资产的初始计量、折旧方法、可使用年限及残值率		
无形资产的摊销方法、可使用年限		
外币业务核算方法		
收入的确认原则		
……		
被审计单位采用的符合行业惯例的会计政策（如有，说明）		

（二）了解被审计单位重要的会计政策变更

原会计政策	变更后会计政策	变更日期	变更原因	对变更的处理（调整、列报等）	对变更的评价

四、被审计单位的目标、战略以及相关经营风险

了解的项目	了解的内容和评估的风险	索引号或信息来源
1. 被审计单位的目标、战略。 2. 被审计单位实现目标和实施战略面临的风险及应对措施，包括但不限于： （1）行业发展变化导致的风险及应对措施； （2）开发新产品或提供新服务导致的风险及应对措施； （3）业务扩张导致的风险及应对措施。 3. 新颁布的会计法规导致的风险及应对措施。 4. 监管要求导致的风险及应对措施。 5. 融资风险及应对措施。 6. 信息技术导致的风险及应对措施。		

五、被审计单位财务业绩的衡量和评价

了解的项目	了解的内容和评估的风险	索引号或信息来源
1. 业主评价管理层业绩采用的关键指标。 2. 管理层评价公司业绩采用的关键指标。 3. 评价员工业绩采用的关键指标。 4. 关键指标的监控措施。 5. 被审计单位的预算制度及执行情况。 6. 无法完成业绩目标及预算，对于管理层及员工的影响。		

分析程序表（用作风险评估程序）

被审计单位：	**索引号：** 2120
项目：	**截止日/期间：**
编制：	**复核：**
日期：	**日期：**

编制说明：在实施分析程序时，注册会计师应当将被审计单位的当期财务信息与前期及预期的财务信息进行比较。对于主要财务指标及关键经营指标，还可与行业的平均水平进行比较。根据比较的结果，分析、记录产生重大差异的原因，并评估被审计单位可能存在的重大错报风险。

一、资产负债表项目

项　　目	当期未审金额①	当期金额的结构百分比	前期/预期金额	前期/预期金额的结构百分比	与前期/预期金额差异额	与前期/预期金额差异率	是否重点关注	编号②
	A		B		C = A − B	D = C/B		
货币资金								
短期投资								
应收票据								
应收股利								
应收利息								
应收账款								

① 本表也可以用于业务完成阶段的总体复核。在作为总体复核的分析程序时应将“当期未审金额”改为“当期审定金额”。

② 如果项目需要引起重点关注，应在本栏列明编号，如①、②、③。在本表后的附注栏中详细说明重大变动的产生原因、原因是否可以合理解释以及在今后的审计工作中如何应对。

续表

项　目	当期未审金额	当期金额的结构百分比	前期/预期金额	前期/预期金额的结构百分比	与前期/预期金额差异额	与前期/预期金额差异率	是否重点关注	编号
	A		B		C = A − B	D = C/B		
其他应收款								
预付账款								
应收补贴款								
存货								
待摊费用								
一年内到期的长期债权投资								
其他流动资产								
长期股权投资								
长期债权投资								
固定资产原价								
减：累计折旧								
固定资产净值								
减：固定资产减值准备								
固定资产净额								
工程物资								
在建工程								
固定资产清理								
无形资产								

续表

项　　目	当期未审金额	当期金额的结构百分比	前期/预期金额	前期/预期金额的结构百分比	与前期/预期金额差异额	与前期/预期金额差异率	是否重点关注	编号
	A		B		C = A − B	D = C/B		
长期待摊费用								
其他长期资产								
递延税款借项								
合　　计								
短期借款								
应付票据								
应付账款								
预收款项								
应付工资								
应付福利费								
应付股利								
应交税金								
其他应交款								
其他应付款								
预提费用								
预计负债								
一年内到期的长期负债								
其他流动负债								

续表

项　　目	当期未审金额	当期金额的结构百分比	前期/预期金额	前期/预期金额的结构百分比	与前期/预期金额差异额	与前期/预期金额差异率	是否重点关注	编号
	A		B		C = A − B	D = C/B		
长期借款								
应付债券								
长期应付款								
专项应付款								
其他长期负债								
递延税款贷项								
实收资本（或股本）								
减：已归还投资								
实收资本（或股本）净额								
资本公积								
盈余公积								
未分配利润								
合　　计								

附注

注：本表作为总体复核时应在本栏记录分析结论。

二、利润表项目

项　　目	当期未审金额	当期金额的结构百分比	前期金额	前期金额的结构百分比	与前期金额差异额	与前期金额差异率	预期金额	预期金额的结构百分比	与预期金额差异额	与预期金额差异率	是否重点关注	编号
	A		B		C = A − B	D = C/B	E		F = A − E	G = F/E		
主营业务收入												
减：主营业务成本												
主营业务税金及附加												
主营业务利润												
加：其他业务利润												
减：营业费用												
管理费用												
财务费用												
营业利润												
加：投资收益												
补贴收入												
营业外收入												
减：营业外支出												
利润总额												
减：所得税												
净利润												

附注

注：本表作为总体复核时应在本栏记录分析结论。

三、主要财务指标

项　　目	当期未审数	前期数	预期数	行业平均水平	是否重点关注	附注编号
销售毛利率						
销售净利润率						
资产负债率						
应收账款周转率						
存货周转率						
……						
其他关键指标或关键经营指标（请说明计算方法）						

附注

注：本表作为总体复核时应在本栏记录分析结论。

四、识别的重大错报风险

注：本表作为总体复核时应在本栏记录拟追加的审计程序。

二、了解被审计单位内部控制

了解整体层面内部控制结论汇总表

被审计单位：________	索引号：2210
项目：________	截止日/期间：________
编制：________	复核：________
日期：________	日期：________

控制要素	识别的缺陷	是否属于重大缺陷（是/否）	索引号	对重大错报风险评估、业务流程层面内部控制的有效性及审计计划的影响	是否需与被审计单位治理层和管理层沟通

［注：表明内部控制存在重大缺陷的情形可能包括：注册会计师在审计工作中发现了重大错报，而被审计单位的内部控制没有发现；控制环境薄弱、存在高层管理人员舞弊迹象（无论涉及金额大小）等。］

了解整体层面内部控制调查表

被审计单位：	索引号：2211
项目：	截止日/期间：
编制：	复核：
日期：	日期：

一、了解整体层面内部控制实施的程序

填写说明：

1. 在了解和评价控制的设计并确定其是否得到执行时，注册会计师应当使用询问、观察和检查程序，并记录所获取的信息和审计证据来源。
2. 如果使用以前审计获取的信息，注册会计师应当考虑被审计单位的相关控制自上次测试后是否发生重大变化。

二、了解整体层面内部控制

（一）控制环境

描述与控制环境相关的控制	评价控制的设计和执行	索引号
[注：在小型被审计单位审计中，可能无法获取以文件形式存在的有关控制环境要素的审计证据，注册会计师应当重点了解业主（管理层）对内部控制设计的态度、认识和措施。可考虑主要从以下方面了解： 1. 业主（管理层）是否执行重要的控制职能，如签字批准职能、监督职能、检查职能等； 2. 业主（管理层）对诚信和道德价值观念的沟通和落实； 3. 业主（管理层）对员工胜任能力的重视程度； 4. 业主（管理层）的理念和经营风格； 5. 被审计单位是否存在相关的政策或程序以保持适当的职责分离？这些政策和程序是否合理？ ……]	[注：注册会计师对控制的评价结论可能是：(1) 控制设计合理，并得到执行；(2) 控制设计合理，未得到执行；(3) 控制设计无效或缺乏必要的控制。如果评价结论是"控制设计无效或缺乏必要的控制"，应当说明控制薄弱环节]	

（二）风险评估过程

描述与风险评估过程相关的控制	评价控制的设计和执行	索引号
[注：小型被审计单位的管理层可能没有正式的风险评估过程，注册会计师应当与业主（管理层）讨论其如何识别	[注：注册会计师对控制的评价结论可能是：(1) 控	

续表

描述与风险评估过程相关的控制	评价控制的设计和执行	索引号
经营风险以及如何应对这些风险。……]	制设计合理，并得到执行；（2）控制设计合理，未得到执行；（3）控制设计无效或缺乏必要的控制。如果评价结论是“控制设计无效或缺乏必要的控制”，应当说明控制薄弱环节]	

（三）信息系统与沟通

描述与信息系统与沟通相关的控制	评价控制的设计和执行	索引号
[注：小型被审计单位与财务报告相关的信息系统和沟通可能不如其他被审计单位正式和复杂，注册会计师应当考虑这种特征对评估重大错报风险的影响。 1. 可考虑从以下方面描述信息系统： （1）会计系统和人员分工； （2）如果被审计单位使用计算机进行会计处理，简要说明计算机信息系统及其所进行的会计处理； （3）被审计单位制定哪些内部控制政策与程序，以识别发生的交易，并合理保证所有交易均已入账； （4）会计处理方法的特殊之处； （5）会计系统是否提供了完整的会计记录； （6）信息系统如何识别除各类交易外对财务报表有重大影响的事项和情况； …… 2. 可考虑从以下方面描述与沟通相关的控制： （1）如何使员工了解各自在与财务报告有关的内部控制方面的角色和职责； （2）员工之间的工作联系； （3）向适当级别的管理层报告例外事项的方式； ……]	[注：注册会计师对控制的评价结论可能是：（1）控制设计合理，并得到执行；（2）控制设计合理，未得到执行；（3）控制设计无效或缺乏必要的控制。如果评价结论是“控制设计无效或缺乏必要的控制”，应当说明控制薄弱环节]	

（四）对控制的监督

描述与对控制的监督相关的控制	评价控制的设计和执行	索引号
[注：小型被审计单位通常没有正式的持续监督活动，且持续的监督活动与日常管理工作难以明确区分，注册会计师应当考虑业主对经营活动的密切参与能否有效实现其对	[注：注册会计师对控制的评价结论可能是：（1）控制设计合理，并得到执行；	

续表

描述与对控制的监督相关的控制	评价控制的设计和执行	索引号
控制的监督目标。可考虑从以下方面与业主（管理层）进行讨论： 1. 对控制运行情况的监控； 2. 如何及时纠正控制运行中的偏差； ……]	(2) 控制设计合理，未得到执行；(3) 控制设计无效或缺乏必要的控制。如果评价结论是“控制设计无效或缺乏必要的控制”，应当说明控制薄弱环节]	

了解业务流程层面内部控制结论汇总表

被审计单位：________	索引号：2220
项目：________	截止日/期间：________
编制：________	复核：________
日期：________	日期：________

一、在被审计单位业务流程层面拟测试的控制活动

（基于对业务流程层面内部控制的了解与评价，拟对下列控制活动进行测试）

序号	重要业务流程	控制活动	相关交易和账户	认定

二、对重大错报风险评估的影响及需与治理层和管理层沟通的事项

业务流程	识别的缺陷	是否属于重大缺陷（是/否）	索引号	对重大错报风险评估及进一步审计程序方案的影响	是否需与被审计单位治理层和管理层沟通

业务流程层面内部控制设计和执行情况评价表

被审计单位：＿＿＿＿＿＿	索引号：2221
项目：＿＿＿＿＿＿	截止日/期间：＿＿＿＿＿＿
编制：＿＿＿＿＿＿	复核：＿＿＿＿＿＿
日期：＿＿＿＿＿＿	日期：＿＿＿＿＿＿

一、了解业务流程层面内部控制实施的程序

填写说明：

1. 在了解和评价控制的设计并确定其是否得到执行时，注册会计师应当使用询问、观察和检查以及穿行测试等程序，并记录所获取的信息和审计证据来源。
2. 如果使用以前审计获取的信息，注册会计师应当考虑被审计单位的相关控制自上次测试后是否发生重大变化。
3. 注册会计师应当采用文字叙述、问卷、核对表和流程图等方式，记录被审计单位重要业务流程的控制。流程的记录应涵盖业务流程的整个过程。

二、描述重要业务流程的控制

1. 业务流程：采购与付款

〔例：

1. 采购人员×××根据生产部门提交的采购申请单编制采购订单，报总经理×××审批，对采购订单连续编号后向供应商发出，与供应商签订采购合同后将采购订单分送仓储人员×××及质检人员×××。
2. 收货时，仓储人员×××根据采购订单核对货物内容、数量一致后，在多联式验收入库单“仓储人员签字栏”签字确认后，转质检人员×××。质检人员×××根据检验结果，确认质量合格后，在验收入库单“质检人员签字栏”签字确认后返还仓储人员和采购人员。验收入库单连续编号。
3. 收到采购发票后，采购人员将采购订单、采购合同（或复印件）、验收入库单和购货发票交给财务部门。财务人员核对上述单证的货物内容、数量、单价、金额、供应商名称等信息是否一致。如果核对一致，编制记账凭证（借：原材料等/应交税金　贷：应付账款），经主管会计×××复核后记入明细账。如果不一致，财务人员×××通知采购人员×××，并与其共同调查该事项。如果采购人员×××认为差异可以合理解释，在发票上注明原因并签字后交财务部门，经主管会计×××批准后由财务人员×××编制记账凭证。
4. 采购人员×××编制付款申请单，经财务人员×××核对后报总经理×××审批。出纳人员×××根据批准的付款申请单付款。财务人员×××编制记账凭证（借：应付账款　贷：银行存款），并附相关单证交主管会计×××复核后在相关单证上加盖“付讫”印戳，出纳人员×××根据经复核的付款凭证及时登记银行日记账。

续表

5. 月末之前，采购部门应将收到的所有采购发票及相关单证交财务部门，按照上述流程进行账务处理。 6. 月末，财务人员×××会同采购人员×××与供应商对账。如果存在差异，查明原因，经主管会计×××批准后调整账务。 7. 总经理定期复核实际采购成本与预算金额并分析差异。]

2. 业务流程：销售与收款

3. 业务流程：仓储与生产

4. 业务流程：货币资金

5. 业务流程：费用

6. 业务流程：工薪与人事

7. 业务流程：财务报告编制

三、评价业务流程层面内部控制设计和执行情况

（一）评价业务流程层面内部控制设计和执行情况——采购与付款

受影响的主要财务报表项目：存货　应付账款　预付账款

序号	主要控制活动	受影响的主要认定							是否得到执行		是否测试有效性
		存在/发生	完整性	权利和义务	计价和分摊	准确性	截止	分类	是/否/不适用	索引号	
1.	采购合同的订立与审批 、采购与验收、实物资产的保管与会计记录、付款审批与执行等职务相分离	√	√	√	√	√					
2.	采购订单与采购申请单核对一致，并经适当人员审批后签订采购合同	√									
3.	采购订单连续编号		√								
4.	仓储部门收到货物后根据采购订单核对数量和内容，并经质量检验合格后入库				√						
5.	验收入库单连续编号		√								
6.	财务部门核对采购订单、采购发票、验收入库单和采购发票一致后进行账务处理	√		√	√	√					
7.	付款申请单经财务部门核对并经适当人员批准后，由出纳人员支付货款，财务人员进行账户处理并经适当人员复核后核销相关单证		√		√						
8.	月末之前，采购部门将收到的所有采购发票及相关单证交财务部门进行相关处理						√				
9.	与供应商定期对账		√	√	√						
10.	定期复核实际采购成本与预算金额并分析差异					√					
	……										

（二）评价业务流程层面内部控制设计和执行情况——销售与收款

受影响的主要财务报表项目：主营业务收入　应收账款　预收账款

序号	主要控制活动	受影响的主要认定							是否得到执行		是否测试有效性
		存在/发生	完整性	权利和义务	计价和分摊	准确性	截止	分类	是/否/不适用	索引号	
1.	订单的接受与赊销的批准、销售合同的签订与审批、销售与发货、实物资产的保管与会计记录、收款审批与执行等职务相分离	√	√	√	√	√					
2.	定期更新定价政策、信用政策、折扣政策和收款政策				√	√					
3.	销售部门根据经适当批准的订单签订销售合同	√									
4.	仓储部门根据经适当批准的发货通知单发货，并编制出库单	√									
5.	出库单连续编号		√								
6.	财务部门将出库单、销售合同与销售发票核对一致后入账	√		√	√	√					
7.	销售退回、折扣和折让经适当批准后相应调整账务处理		√		√	√					
8.	销售部门定期与仓储部门核对货物销售数量与实际发运数量	√	√		√	√					
9.	定期与客户对账，并调整差异	√		√	√	√					
10.	定期分析应收账款账龄，并催收逾期应收账款	√			√						
11.	根据坏账准备政策定期计提坏账准备，经适当批准后核销坏账				√						
12.	收到客户付款后，出纳人员办理托收，财务人员进行账务处理并经适当复核后核销相关单证			√							
13.	月末之前，将本月产生的销售合同、出库单交财务部门进行相关处理		√				√				
14.	定期复核实际销售收入与预算金额并分析差异					√					
	……										

（三）评价业务流程层面内部控制设计和执行情况——仓储与生产

受影响的主要财务报表项目：存货　主营业务成本

序号	主要控制活动	受影响的主要认定							是否得到执行		是否测试有效性
		存在/发生	完整性	权利和义务	计价和分摊	准确性	截止	分类	是/否/不适用	索引号	
1.	存货的保管与清查，存货的销售与收款，存货处置的申请与审批、审批与执行，存货业务的审批、执行与相关会计记录等职务相分离	√	√	√	√	√	√	√			
2.	依据经过适当批准的领料单领料		√								
3.	产成品经验收后入库	√			√						
4.	产成品入库单连续编号		√								
5.	月末之前，将本月产生的领料单、入库单交财务部门进行成本归集、分配和结转				√		√				
6.	定期盘点存货，经适当批准后由仓储、生产和财务部门调整差异	√	√		√	√					
7.	财务部门经适当批准后定期计提存货跌价准备				√						
8.	定期复核成本差异					√					
	……										

（四）评价业务流程层面内部控制设计和执行情况——货币资金

受影响的主要财务报表项目：货币资金

序号	主要控制活动	受影响的主要认定							是否得到执行		是否测试有效性
		存在/发生	完整性	权利和义务	计价和分摊	准确性	截止	分类	是/否/不适用	索引号	
1.	收付款业务的出纳、审核与记录职务相分离	√	√		√						
2.	银行票据与印章保管的职务相分离	√									
3.	办理收付款与结算业务后的凭证加盖“收讫”或“付讫”戳记		√								
4.	支票的签发、作废按序号连续登记，作废加盖“作废”戳记		√								
5.	定期复核银行存款日记账与银行对账单，编制银行存款余额调节表并经适当批准	√	√								
6.	现金收入经适当批准后当日存入银行	√									
7.	库存现金由出纳人员专门保管，并定期盘点	√									
8.	开立、注销银行账户经适当审批	√									
	……										

（五）评价业务流程层面内部控制设计和执行情况——费用

受影响的主要财务报表项目：营业费用　管理费用

序号	主要控制活动	受影响的主要认定							是否得到执行		是否测试有效性
		存在/发生	完整性	权利和义务	计价和分摊	准确性	截止	分类	是/否/不适用	索引号	
1.	编制费用预算，并经适当人员审批		√								
2.	设定费用审批权限	√									
3.	费用的审批与执行、费用的支付与记录等职务相分离	√				√					
4.	费用申请单经适当批准后，财务部门预支借款	√									
5.	收到费用发票后，费用报销单经适当批准，财务部门核对费用报销单、费用发票和费用申请单一致后进行账务处理	√			√	√		√			
6.	月末之前，将本月发生的费用发票、报销单和费用申请单交财务部门进行账务处理		√				√				
7.	定期比较预算与费用的实际发生额，并分析差异					√					
	……										

（六）评价业务流程层面内部控制设计和执行情况——工薪与人事

受影响的主要财务报表项目：应付工资　应付福利费　成本　费用

序号	主要控制活动	受影响的主要认定							是否得到执行		是否测试有效性
		存在/发生	完整性	权利和义务	计价和分摊	准确性	截止	分类	是/否/不适用	索引号	
1.	人事、工时/工作量记录、薪酬计算、薪酬支付等职务相分离	√	√	√	√	√	√	√			
2.	按照规定的招聘程序录用员工，按照规定办理员工辞退手续	√									
3.	员工薪酬的变动经适当批准后记入档案				√	√					
4.	员工工时/工作量记录经适当批准后交至人力资源部门和财务部门	√	√	√	√	√					
5.	人力资源部门根据薪酬标准和工时/工作量记录计算员工的薪酬与代扣代缴费用，并经适当批准				√	√					
6.	财务部门按照审批的工资单发放工资后，核销相关单证	√									
7.	财务部门将薪酬支出按既定标准分配至相应的账户				√	√		√			
8.	定期复核薪酬支出实际数额与预算数额					√					
	……										

（七）评价业务流程层面内部控制设计和执行情况——财务报告编制

序号	主要控制活动	是否得到执行		是否测试有效性
		是/否/不适用	索引号	
1.	对新业务、特殊合同的会计处理经过适当的审批			
2.	定期复核大额、异常或偶发交易的会计处理			
3.	定期复核会计政策、会计估计的合理性			
4.	重大的会计估计、调整分录经过特别审批			
5.	期末及时结账并复核			
6.	财务报告经过复核与批准			
	……			

穿行测试表

被审计单位：________	索引号：2221－1
项目：________	截止日/期间：________
编制：________	复核：________
日期：________	日期：________

测试的业务流程：采购与付款

主要业务活动	测试内容	测试结果
采购	采购申请单编号#（日期）及内容	
	采购订单编号	
	采购订单是否与采购申请单一致并得到适当审批（是/否）	
	采购合同编号#（日期）	
记录应付账款	验收入库单编号#（日期）	
	验收入库单是否经过适当人员签字（是/否）	
	采购发票与采购订单、采购合同、验收入库单是否相符（是/否）	
	转账凭证编号#（日期）	
	是否记入应付账款贷方（是/否）	
付款	付款凭证编号#（日期）	
	付款申请单是否得到适当的审批（是/否）	
	相关单证上是否加盖“付讫”印戳（是/否）	

三、舞弊风险评估与应对

舞弊风险评估与应对

被审计单位：__________	索引号：2300
项目：__________	截止日/期间：__________
编制：__________	复核：__________
日期：__________	日期：__________

一、审计目标

识别、评估和应对舞弊导致的重大错报风险。

二、舞弊风险的识别和评估程序

实施的程序	索引号	执行人
1. 就舞弊风险询问管理层和其他人员。	2310	
2. 考虑舞弊风险因素，包括考虑： （1）与对财务信息作出虚假报告相关的舞弊风险因素； （2）与侵占资产相关的舞弊风险因素。	2320	
3. 实施分析程序并考虑其他因素。	2330	
4. 组织项目组讨论。	2400	

三、识别和评估的舞弊导致的重大错报风险汇总表

识别的舞弊风险	受影响的账户余额或交易类别	风险是否重大	导致财务报表重大错报的可能性	化解风险的控制
管理层凌驾于控制之上				
业主或管理层为减少纳税等目的而低估收入				
业主或管理层为减少纳税等目的而高估费用				
业主将私人费用在被审计单位列支				
……				

编制说明：

1. 在“识别的舞弊风险”栏中记录舞弊导致的重大错报风险。管理层凌驾于控制之上属于注册会计师需要特别考虑的风险。注册会计师应假定被审计单位在收入确认方面存在舞弊风险，并考虑哪些收入类别以及与收入有关的交易或认定可能导致舞弊风险。

2. 在“受影响的账户余额或交易类别”栏中指出受舞弊风险影响的账户余额或交易类别。如果风险涉及特定的账户或交易，注明“认定层次”并在相关空白处记录识别出的账户和交易。如果风险是与财务报表广泛相关，注明“财务报表层次”。

3. 基于以上所实施的程序，考虑被审计单位的舞弊防范程序或内部控制是否消除了特定的舞弊风险，或特定控制的缺陷是否加剧了风险。在“化解风险的控制”一栏中指出有助于化解风险的对应内部控制。考虑是否有必要将已识别的内部控制缺陷告知管理层和治理层。如果是，在备忘录中记录沟通要点。

4. 此处识别的舞弊导致的重大错报风险应当与审计计划交叉索引。

5. 如果没有假定收入确认方面存在舞弊风险，在此说明原因。

四、应对舞弊导致的重大错报风险

1. 总体应对措施

（1）人员的适当分派和督导：__________

（2）考虑被审计单位采用的会计政策：__________

（3）选择被审计单位无法事先预见或了解的进一步审计程序：__________

2. 针对舞弊导致的认定层次的重大错报风险实施的审计程序

针对舞弊导致的认定层次的重大错报风险实施的审计程序体现在进一步审计程序中。此处应当与审计计划交叉索引。

3. 针对管理层凌驾于控制之上的风险实施的程序

审计程序	具体措施或考虑事项	是否实施	索引号
测试日常会计核算过程中作出的分录以及编制财务报表作出的调整分录是否适当	了解、评价被审计单位的财务报告过程、被审计单位对日常会计分录及财务报表编制过程中的调整分录的控制。		
	询问被审计单位内部参与财务报告过程的人员是否注意到在编制会计分录或调整分录时存在不恰当或异常活动。		
	确定测试的时间。		
	选择拟测试的会计分录或调整分录。		
复核会计估计是否有失公允	从财务报表整体上考虑管理层作出的某项会计估计是否反映出管理层的某种偏向，是否与注册会计师所获取审计证据表明的最佳估计存在重大差异。		
	复核管理层在以前年度财务报表中作出的重大会计估计及其依据的假设。		
对于显得异常的重大交易，了解其商业理由	交易的形式是否过于复杂。		
	治理层/管理层是否就此类交易的性质和会计处理进行沟通，管理层是否更强调特定的会计处理方法。		

续表

审计程序	具体措施或考虑事项	是否实施	索引号
对于显得异常的重大交易，了解其商业理由	交易是否涉及以往未识别的关联方，或不具备实质性交易基础或独立财务能力的第三方。		

五、与管理层、治理层和监管机构的沟通

记录注册会计师与管理层、治理层、监管机构或其他相关各方就舞弊事项进行沟通的情况。

舞弊风险评估询问记录

被审计单位：________	索引号：2310
项目：________	截止日/期间：________
编制：________	复核：________
日期：________	日期：________

询问内容	被询问者	询问时间	询问结果
向管理层询问： （1）对舞弊导致的财务报表重大错报风险的评估； （2）对舞弊风险的识别和应对过程； （3）就其对舞弊风险的识别和应对过程与治理层沟通的情况； （4）就其经营理念及道德观念与员工沟通的情况； （5）是否知悉任何舞弊事实、舞弊嫌疑或舞弊指控。			
向治理层询问： （1）如何监督管理层对舞弊风险的识别和应对过程； （2）是否知悉任何舞弊事实、舞弊嫌疑或舞弊指控。			
向内部审计人员询问： （1）对被审计单位舞弊风险的认识； （2）在本期是否实施了用以发现舞弊的程序； （3）管理层对通过内部审计程序发现的舞弊是否采取了适当的应对措施； （4）是否了解任何舞弊事实、舞弊嫌疑或舞弊指控。			
向内部其他人员询问： 是否了解任何舞弊事实、舞弊嫌疑或舞弊指控。			

舞弊风险评估——考虑舞弊风险因素

被审计单位：	索引号：2320
项目：	截止日/期间：
编制：	复核：
日期：	日期：

舞弊的动机	舞弊的机会	舞弊的借口	评估结果
考虑因素： 1. 偷逃或骗取税款； 2. 骗取外部资金； 3. 牟取以财务业绩为基础的私人报酬最大化； 4. 掩盖侵占资产的事实； ……	考虑因素： 1. 高估或低估收入：被审计单位的业务形式使得收入确认更具灵活性； 2. 高估或低估成本、费用：生产工艺过程复杂，各环节成本核算需要较多的会计估计； 3. 管理层能够控制或干涉财务报告过程或重大事项的会计处理方式； 4. 不相容职责没有完全分离； 5. 对业主或管理层的费用支出（如差旅费、业务招待费）的审查薄弱； 6. 会计信息系统存在重大缺陷； 7. 管理层由一人或少数人掌控，缺乏共同决策或制衡机制； ……	考虑因素： 1. 业主或管理层存在通过不恰当方法降低盈利水平的逃税倾向； 2. 税负过重或高于同行业平均水平； 3. 小企业筹资困难； 4. 外部资金对被审计单位的发展或业务开展至关重要； 5. 管理层认为从被审计单位获得的报酬与其承担的责任及经营规模不相称； 6. 业主混淆个人业务与公司业务； 7. 非财务主管的管理层过度干涉会计政策的选择或重大会计估计的作出； ……	

舞弊风险评估——分析程序及其他考虑

被审计单位：____________	索引号：2330
项目：____________	截止日/期间：____________
编制：____________	复核：____________
日期：____________	日期：____________

1. 在实施分析程序以了解被审计单位及其环境时，是否存在表明舞弊导致的重大错报风险的异常关系或偏离预期的关系？

重大异常或偏离	可能导致舞弊的领域	索引号
……		

此处用于分析的基础资料来源于用作风险评估程序的分析程序工作底稿，应与索引号：2120 工作底稿交叉索引。

2. 业务承接或保持、了解被审计单位及其环境过程中所获得的信息以及向被审计单位提供其他服务所获得的经验，是否表明被审计单位存在舞弊导致的重大错报风险？

了解的信息、经验	可能导致舞弊的领域	索引号
……		

此处用于分析的基础资料来源于初步业务活动及了解被审计单位及其环境的审计工作底稿，应与索引号：1100、2110、2211、2221 等工作底稿交叉索引。

四、项目组讨论纪要——风险评估

被审计单位：__________	索引号：2400
项目：__________	截止日/期间：__________
编制：__________	复核：__________
日期：__________	日期：__________

会议日期：
会议地点：
参加人员：

讨论内容记录：

例如：

1. 被审计单位的总体情况和报告要求。
2. 对于连续审计业务，总结上年审计工作情况以识别重要问题。
3. 被审计单位及其环境的重大变化。
4. 财务报表容易发生错报的领域及发生错报的方式。
5. 重要审计事项和风险领域。
6. 发生舞弊导致的重大错报风险的可能性：
   （1）由于舞弊导致财务报表重大错报的可能性，重大错报可能发生的领域及方式；
   （2）在遇到哪些情形时需要考虑存在舞弊的可能性；
   （3）已了解的可能产生舞弊动机或压力、提供舞弊机会、营造舞弊行为合理化环境的外部和内部因素；
   （4）已注意到的对被审计单位舞弊的指控；
   （5）已注意到的管理层或员工在行为或生活方式上出现的异常或无法解释的变化；
   （6）管理层凌驾于控制之上的可能性；
   （7）是否有迹象表明管理层操纵利润，以及采取的可能导致舞弊的操纵利润手段；
   （8）管理层对接触现金或其他易被侵占资产的员工实施监督的情况；
   （9）为应对舞弊导致财务报表重大错报可能性而选择的审计程序，以及各种审计程序的有效性；
   （10）如何使拟实施审计程序的性质、时间和范围不易为被审计单位预见。
7. 重要性水平的设定。
8. 总体审计策略。

……

五、风险评估结果汇总表

被审计单位：	索引号：2500
项目：	截止日/期间：
编制：	复核：
日期：	日期：

一、识别的重大错报风险汇总表

识别的重大错报风险	索引号	属于财务报表层次还是认定层次	是否属于特别风险	是否属于仅通过实质性程序无法应对的重大错报风险	受影响的交易类别、账户余额和列报认定

二、财务报表层次风险应对方案表

财务报表层次重大错报风险	索引号	总体应对措施

三、特别风险结果汇总及应对措施表

项目	经营目标	经营风险	特别风险	管理层应对或控制措施	财务报表项目及认定	审计措施	向被审计单位报告的事项
举例	被审计单位通过发展中小城市的新客户和放宽授信额度争取销售收入比上一年度增长25%。	不严格执行对新客户的信用记录调查和筛选、放宽授信额度会增加坏账风险。	应收账款坏账准备的计提可能不足。	(1)总经理批准对新客户的赊销申请； (2)对超过一年未收回的账款由销售部门与客户签订还款协议，其条款须经总经理批准； (3)销售经理定期编制逾期应收账款还款协议签订及执行情况报告，并经总经理复核； (4)财务经理根据该报告并结合账龄分析报告，对有可能难以收回的应收账款计提坏账准备。	应收账款（相关认定：计价和分摊）	(1)与总经理讨论对新客户的信用调查和授信情况、应收账款的回收情况； (2)与财务经理讨论坏账准备的计提； (3)审阅账龄分析报告和还款协议签订及执行报告； (4)检查还款协议和账款收回情况。	无或详见与管理层或治理层沟通函。

填写说明：

1. “经营目标”一栏填写对当期审计有影响的经营目标；
2. “经营风险”一栏填写那些对当期审计有影响的经营风险，或注册会计师认为对未来审计产生影响并有必要向被审计单位报告的经营风险；
3. “特别风险”一栏填写源自经营风险的特别风险，或在审计过程中发现的并非由经营目标和经营风险导致的特别风险；
4. “管理层应对或控制措施”一栏填写管理层认为有助于降低特别风险的控制以及注册会计师对此的评价。如果评价结果显示注册会计师不能依赖这些内部控制，应作相应调整；
5. “财务报表项目及认定”一栏填写受特别风险影响的财务报表项目和认定；
6. “审计措施”一栏填写应对特别风险的审计措施。

六、审计计划

被审计单位：______	索引号：2600
项目：______	截止日/期间：______
编制：______	复核：______
日期：______	日期：______

一、审计范围

报告要求	
适用的会计准则和相关会计制度	
与财务报告相关的行业特别规定	例如：特定行业主管部门发布的与财务报告相关的法规、监管机构发布的有关信息披露法规等
需审计的分公司或子公司数量及所在地点（如适用）	
制定审计计划需考虑的其他事项	例如：单独出具报告的子公司范围等

二、审计业务时间安排

（一）出具审计报告时间安排：______

（二）执行审计时间安排

执行审计时间安排	时　间
1. 期中审计/预审	
制定审计计划	
……	
2. 期末审计	
（1）存货监盘	
（2）发出询证函	
……	

（三）沟通的时间安排

所需沟通	时　间
与管理层和治理层沟通的会议	
项目组会议	
与前任注册会计师沟通（如适用）	
与其他注册会计师沟通（如适用）	
与专家或有关人士的沟通（如适用）	
……	

三、重要性水平

适用的基准	未审数	比例	重要性水平
资产总额			
所有者权益总额			
营业收入			
利润总额（或净利润）			
……			

计划的重要性水平：______________________________

理由：______________________________

四、人员安排

（一）项目组成员的责任

职位	姓名	主要职责

注：在分配职责时可以根据被审计单位的不同情况按报表项目划分，或按业务流程划分。

（二）项目组成员独立性声明

本人声明：

1. 本人与该客户之间不存在可能损害独立性的情形（包括自身利益威胁、自我评价威胁、过度推介威胁、密切关系威胁和外在压力威胁）；

2. 本人对该客户的客观性和独立性不因任何私人关系、利益冲突或其他情况而改变。

项目组成员签名：______________________________

____

____

（三）与项目质量控制复核人员的沟通（如适用）

复核的范围：______________________________

沟通内容	负责沟通的项目组成员	计划沟通时间
风险评估、对审计计划的讨论		
对财务报表的复核		
……		

五、对专家或有关人士工作的利用（如适用）

（一）对其他注册会计师工作的利用

其他注册会计师	利用其工作范围及程度	索引号

（二）对专家工作的利用

主要报表项目	专家	主要职责及工作范围	利用专家工作的原因	索引号

编制说明：如果项目组计划利用专家或有关人士的工作，需要记录其工作的范围和涉及的主要财务报表项目等。另外，项目组还应按照相关审计准则的要求考虑并评估专家或有关人士的能力、客观性及其工作等。

六、对重要账户和交易采取的进一步审计程序方案（计划矩阵）

重要账户或交易	识别的重大错报风险									相关控制预期是否有效	拟实施的总体方案					
	重大错报风险水平	是否为特别风险	相关认定								总体方案	控制测试	控制测试索引号	实质性程序		实质性程序索引号
			存在/发生	完整性	权利和义务	准确性/计价和分摊	截止	分类	列报					分析程序	细节测试	

编制说明：本表列示针对评估的认定层次的重大错报风险，设计进一步审计程序的总体方案。本表记录以下内容：

（1）确定的重要账户和交易，包括评估出存在重大错报风险的账户和交易，以及本身具有重要性的账户和交易（即根据《中国注册会计师审计准则第 1231 号——针对评估的重大错报风险实施的程序》第五十五条规定，无论评估的重大错报风险如何，注册会计师都应当针对所有重大的各类交易、账户余额、列报实施实质性程序）；

（2）受评估的重大错报风险影响的认定；

（3）拟实施的总体方案；

（4）与实施的进一步审计程序的相互索引。

第三部分

进一步审计程序工作底稿

一、控制测试工作底稿

控制测试结果汇总表

被审计单位：	索引号：3000
项目：	截止日/期间：
编制：	复核：
日期：	日期：

一、整体层面控制测试结果

序号	拟测试的控制	测试程序	测试数量	控制运行是否有效	索引号

二、业务流程层面控制测试结果

测试的业务流程：采购与付款

序号	控制活动	控制测试程序	执行频率	测试样本规模	控制运行是否有效	索引号
1	采购人员×××根据生产部门提交的采购申请单编制采购订单，报总经理×××审批，并对采购订单连续编号后向供应商发出，签订采购合同	抽取采购合同，检查所附的采购订单是否得到适当审批，是否与采购申请单一致，采购订单是否连续编号	每天数次			3100

续表

序号	控制活动	控制测试程序	执行频率	测试样本规模	控制运行是否有效	索引号
2	收货时，仓储人员×××根据采购订单核对货物内容、数量一致后，在验收入库单“仓储人员签字栏”签字确认；质检人员×××根据检验结果，确认质量合格后，在验收入库单“质检人员签字栏”签字确认。验收入库单连续编号	抽取验收入库单并检查是否经仓储人员、质检人员签字确认，检查验收入库单是否连续编号	每天数次			3100
3	财务人员×××核对采购订单、采购合同（或复印件）、验收入库单和购货发票是否一致。如果核对一致，编制记账凭证（借：原材料等/应交税金 贷：应付账款），经主管会计×××复核后记入明细账	抽取记账凭证，检查所附采购发票是否与采购订单、采购合同、验收入库单相符	每天数次			3100
4	采购人员×××编制付款申请单，经财务人员×××核对后，报总经理×××批准。出纳人员×××依据批准的付款申请单付款。财务人员×××编制记账凭证（借：应付账款 贷：银行存款），并附相关单证交主管会计×××复核后在相关单证上加盖“付讫”印戳，出纳人员×××根据经复核的付款凭证及时登记银行日记账	抽取付款凭证，检查所附付款申请单是否经由总经理×××审批。相关单证是否加盖“付讫”印戳	每天数次			3100
5	月末之前，采购部门应将收到的所有采购发票及相关单证交财务部门，按照上述流程进行账务处理	检查采购发票及相关单证的完整性，是否按照上述流程进行处理	每月1次			
6	月末，财务人员会同采购人员与供应商对账，如果存在差异，查明原因，经主管会计×××批准后调整账务	抽取对账记录，检查对账情况	每月1次			3100

注：索引号：3000、3100号审计工作底稿记录的控制测试的程序及测试过程，系针对索引号2221工作底稿中的示例设计，并非是对所有可能情况的全面列示。在执行财务报表审计业务时，注册会计师应运用职业判断，结合被审计单位的实际情况设计和执行控制测试。

控制运行有效性测试表

被审计单位：________	索引号：　　3100
项目：________	截止日/期间：________
编制：________	复核：________
日期：________	日期：________

测试的业务流程：采购与付款

序号	测试的控制	测试项目1	测试项目2	测试项目3	测试项目4	……	测试项目25
1	抽取采购合同，检查所附的采购订单是否得到适当审批，是否与采购申请单一致，采购订单是否连续编号						
2	抽取验收入库单并检查是否经仓储人员、质检人员签字确认，检查验收入库单是否连续编号						
3	抽取记账凭证，检查所附采购发票是否与采购订单、采购合同、验收入库单相符						
4	抽取付款凭证，检查所附付款申请单是否经由总经理×××审批。相关单证是否加盖“付讫”印戳						
5	检查采购发票及相关单证的完整性，是否按照上述流程进行处理						
6	抽取对账记录，检查对账情况						

控制测试审计抽样

被审计单位：______	索引号：3110
项目：______	截止日/期间：______
编制：______	复核：______
日期：______	日期：______

一、样本设计

1. 确定测试目标

拟测试的控制：　采购订单需经总经理×××签字确认

测试目标：　确认在本期间内该项控制的运行是有效的

相关交易和账户与认定：　存货、应付账款、预付账款等账户的存在认定

初步评估的控制运行有效性：　有效　　初步评估的重大错报风险水平：　低

2. 定义总体与抽样单元

总体：　20×8年发生的所有采购

代表总体的实物：　20×8年签订的所有采购订单

抽样单元：　每份采购订单

3. 定义偏差

采购订单上没有总经理或其授权人签字。

4. 确定样本规模

总体规模：　500

样本规模①：　25

二、选取样本并实施审计程序

1. 选取样本

选择方法（随机数选样/系统选样/随意选样）：　系统选样

如果选择系统选样，则

计算选择间距（总体规模÷样本规模）：　20

确定样本起点（在1到选择间距之间选择）：　10

样本编号列表：

10，30，50，70，90，110，130，150，170，190，210，230，250，271，290，……

2. 实施审计程序

工作底稿索引号②：　3100

样本中发现控制偏差的数量：　1

① 确定样本规模参见附录。

② 索引至控制测试工作底稿。

三、评价样本结果

1. 分析控制偏差的原因和性质 原因： 总经理无意中漏签 性质（偶然偏差/系统偏差）： 偶然偏差，不构成控制重大缺陷和舞弊
2. 得出总体结论 样本结果是否支持初步风险评估结果： 否 控制是否运行有效：无效 修正后的重大错报风险评估水平： 中 是否需要增加样本规模：否 工作底稿索引号： 是否需要增加对相关账户的实质性程序： 是 工作底稿索引号：

附录：

人工控制最低样本规模表

控制执行频率	控制发生总次数	最低样本数量
1 次/年度	1 次	1
1 次/季度	4 次	2
1 次/月度	12 次	3
1 次/每周	52 次	5
1 次/每日	250 次	20
每日数次	大于 250 次	25

上表是在预计没有控制偏差的情况下对人工控制进行测试的最低样本数量。例如，对全年共发生 500 次的采购批准控制，如果初步评估控制运行有效，注册会计师至少要测试 25 个样本。如果 25 个样本中没有发现偏差，样本结果支持初步风险评估结果。如果 25 个样本中发现了偏差，样本结果不支持初步风险评估结果，此时注册会计师可以得出控制无效的结论，或考虑扩大样本量。如果拟测试的控制是针对相关认定的唯一控制时，注册会计师应考虑更大的样本量。

有些控制可能执行次数很多，但不是每天都执行。例如，如果某公司实施一种按月执行的控制，该控制针对多个事项（某人每月对该公司的所有 50 个银行账户编制银行存款余额调节表）。在此情况下，首先把信息换算成对应的控制发生总次数，也就是 12 个月乘以 50 个即 600 个，然后从表格中选择对应的行。此时，600 是个大规模的抽样总体，应采用“每日数次”这一行来确定样本规模。

在确定被审计单位自动控制的测试范围时，如果支持其运行的信息技术一般控制有效，注册会计师测试一次应用程序控制便可能足以获得对控制有效运行的较高的保证水平。

二、实质性程序工作底稿

（一）资产类

1. 货币资金

货币资金实质性程序

被审计单位：	索引号：4101
项目：	截止日：
编制：	复核：
日期：	日期：

一、需从实质性程序获取的保证程度

项　目	财务报表认定				
	存　在	完整性	权利和义务	计价和分摊	列　报
1. 审计目标	A	B	C	D	E
2. 需从实质性程序获取的保证程度					

注：根据财务报表项目的重要性、评估的各认定的重大错报风险以及控制测试（如有）的结果填写。

二、实质性程序

审计目标	可供选择的实质性程序	是否选择	索引号
D	1. 获取或编制货币资金（包括现金、银行存款、其他货币资金）余额明细表： （1）分别复核加计是否正确，并分别与总账金额、日记账合计数核对是否相符，总计数与财务报表核对是否相符； （2）检查非记账本位币的折算汇率及折算金额是否正确。		4101－2

续表

审计目标	可供选择的实质性程序	是否选择	索引号
A	2. 实施现金监盘程序： （1）制订监盘计划，确定监盘时间； （2）将盘点金额与现金日记账余额进行核对。如有差异应查明原因，提请被审计单位调整，如无法查明原因，提请被审计单位按管理权限批准后作出调整； （3）在非资产负债表日进行盘点时，应调整至资产负债表日的金额； （4）如有充抵现金的借条、未提现支票、未作报销的原始凭证，需在盘点表中注明。必要时提请被审计单位作出调整，特别关注数家公司混用现金保险箱的情况。		4101 -3
AC	3. 编制银行存单检查表，检查银行存单与账面记录的金额是否一致，是否被质押或限制使用，存单是否为被审计单位所拥有。 （1）对已质押的定期存款，检查质押合同，关注相应的质押借款有无入账； （2）对未质押的定期存款，应检查开户证实书原件； （3）对审计外勤工作结束日前已提取的定期存款，应核对相应的兑付凭证和银行对账单。		4101 -4
ABCD	4. 获取并检查银行存款、其他货币资金银行对账单及余额调节表： （1）获取资产负债表日银行对账单，并与账面余额核对，关注银行对账单账户户名是否为被审计单位； （2）获取资产负债表日银行存款（其他货币资金）余额调节表，检查调节表中加计数是否正确，调节后银行日记账余额与银行对账单余额是否一致； （3）复核余额调节表的调节事项性质和范围是否合理； （4）检查是否存在未入账的利息收入和利息支出； （5）检查是否存在其他跨期收支事项； （6）（当未经授权或授权不清支付货币资金的现象比较突出时）检查银行存款余额调节表中支付给异常的领款人（包括没有载明收款人）、签字不全、收款地址不清、金额较大的调整事项。		4101 -5 4101 -6
ACD	5. 实施货币资金函证程序，编制银行函证结果汇总表，检查银行回函。 （1）向开户银行函证（范围为被审计单位本期存过款的开户银行，包括零账户和账户已结清的银行）、向承办银行汇票、本票等其他货币资金业务的银行函证，函证内容包括资产负债表日银行对账单余额是否正确，是否有质押、冻结等对变现有限制、或存放在境外、或有潜在回收风险的款项； （2）确定被审计单位账面余额与银行函证结果的差异，对不符事项作出适当处理。		4101 -7 4101 -8
BA	6. 检查货币资金（包括现金、银行存款、其他货币资金）收支的截止是否正确。选取资产负债表日前后适量样本（____张、____金额以上的凭证）实施截止测试，关注业务内容及对应项目。如有跨期收支事项，考虑提请被审计单位调整。		略

续表

审计目标	可供选择的实质性程序	是否选择	索引号
ABC	7. 抽查大额货币资金（包括现金、银行存款、其他货币资金）收支的原始凭证： （1）检查原始凭证是否齐全、记账凭证与原始凭证是否相符、账务处理是否正确、是否记录于恰当的会计期间等内容； （2）检查是否存在非营业目的的大额货币资金转移，并核对相关账户的进账情况。如有与被审计单位生产经营无关的收支事项，应查明原因并作相应的记录。		略
	8. 针对评估的舞弊风险等因素增加的审计程序。例如： （1）对现金进行突击监盘； （2）对于可能存在舞弊风险的银行账户（包括已注销的账户），从对账单中选取重大收支金额，追查至被审计单位银行存款日记账，检查是否准确记录。 ……		略
E	9. 检查货币资金是否按照企业会计制度的规定恰当列报。		略

货币资金审定表

被审计单位：	索引号：4101－1
项目：	截止日：
编制：	复核：
日期：	日期：

项目名称	期末未审数	账项调整		重分类调整		期末审定数	上期末审定数	索引号
		借方	贷方	借方	贷方			
现金								
银行存款								
其他货币资金								
合　计								

审计结论：

货币资金明细表

被审计单位：________ 索引号：4101－2

项目：________ 截止日：________

编制：________ 复核：________

日期：________ 日期：________

项　　目	账号	币种	期末未审数			备　　注
			原币金额	汇率	折合本位币	
现金						
小　　计	——	——	——	——		
银行存款						
小　　计	——	——	——	——		
其他货币资金						
小　　计	——	——	——	——		
合　　计	——	——	——	——		

注：对存在质押、冻结等变现限制或存在境外的款项在“备注”中予以说明。

审计说明：

现金监盘表

被审计单位：	**索引号：** 4101－3
项目：	**截止日：**
编制：	**复核：**
日期：	**日期：**

检查盘点记录						实有现金盘点记录						
项　目		项次	人民币	美元	某外币	面额	人民币		美元		某外币	
上一日账面库存余额		①					张	金额	张	金额	张	金额
监盘日发生传票收入金额		②				1000 元						
监盘日发生传票支出金额		③				500 元						
监盘日账面应有金额		④＝①＋②－③				100 元						
盘点实有现金数额		⑤				50 元						
监盘日应有与实有差异		⑥＝④－⑤				10 元						
差异原因分析	白条抵库					5 元						
						2 元						
						1 元						
						0.5 元						
						0.2 元						
						0.1 元						
						合计						
调整至资产负债表日（报表日）	报表日至监盘日现金付出总额											
	报表日至监盘日现金收入总额											
	报表日现金应有余额											
	报表日账面汇率											
	报表日余额折合本位币金额											
本位币合计												

出纳员：　　　　会计主管人员：　　　　监盘人：　　　　检查日期：

审计说明：

银行存单检查表

被审计单位：	索引号： 4101－4
项目：	截止日：
编制：	复核：
日期：	日期：

开户银行	账号	币种	户名	存入日期	到期日	期末存单余额	期末账面余额	备注

注：备注栏可填写是否被用于质押等担保情形，是否存在其他使用限制等情况。

审计说明：

银行存款（其他货币资金）余额调节表汇总

被审计单位：	**索引号：** 4101－5
项目：	**截止日：**
编制：	**复核：**
日期：	**日期：**

开户行	账号	银行日记账余额（原币）	银行已收，企业未入账金额	银行已付，企业未入账金额	调整后银行日记账余额	银行对账单余额（原币）	企业已收，银行未入账金额	企业已付，银行未入账金额	调整后银行对账单余额	调整后是否相符
		①	②	③	④＝①＋②－③	⑤	⑥	⑦	⑧＝⑤＋⑥－⑦	

编制说明：1. 如账面余额（原币数）与银行对账单金额不一致，应另行检查银行存款余额调节表（见4101－6）；2. 银行存款、其他货币资金审计时均可使用该表。

审计说明：

对银行存款余额调节表的检查

被审计单位：	**索引号：** 4101－6
项目：	**截止日：**
编制：	**复核：**
日期：	**日期：**

开户银行：＿＿＿＿＿＿　银行账号：＿＿＿＿＿＿　币种：＿＿＿＿＿＿

项　目	金　额	调节项目说明	是否需要提请被审计单位调整
银行对账单余额			
加：企业已收，银行尚未入账合计金额			
其中：1.			
2.			
减：企业已付，银行尚未入账合计金额			
其中：1.			
2.			
调整后银行对账单余额			
企业银行存款日记账余额			
加：银行已收，企业尚未入账合计金额			
其中：1.			
2.			
减：银行已付，企业尚未入账合计金额			
其中：1.			
2.			
调整后企业银行存款日记账余额			

审计说明：

银行存款函证结果汇总表

被审计单位：	索引号：4101－7
项目：	截止日：
编制：	复核：
日期：	日期：

开户银行	账号	币种	函证情况					冻结、质押等事项说明	备注
			函证金额	函证日期	回函日期	回函金额	金额差异		

审计说明：

索引号：4101－8

银行询证函

××银行：

本公司聘请的××会计师事务所正在对本公司20×8年度财务报表进行审计，按照中国注册会计师审计准则的要求，应当询证本公司与贵行相关的信息。下列信息出自本公司记录，如与贵行记录相符，请在本函下端“信息证明无误”处签章证明；如有不符，请在“信息不符”处列明不符项目及具体内容；如存在与本公司有关的未列入本函的其他主要信息，请在“信息不符”处列出其详细资料。回函请直接寄至××会计师事务所。

回函地址：　　　　　　　　　　　　　　　邮编：

电话：　　　　　　　　传真：　　　　　　联系人：

截至20×8年12月31日止，本公司银行存款、借款账户余额等列示如下：

1. **银行存款**

账户名称	银行账号	币种	利率	余额	起止日期	是否被抵押或质押或其他使用限制	备注

除上述列示的银行存款外，本公司并无在贵行的其他存款。

注：“起止日期”一栏仅适用于定期存款，如为活期或保证金存款，可只填写“活期”或“保证金”字样。

2. **银行借款**

账户名称	币种	本息余额	借款日期	还款日期	利率	借款条件	抵（质）押品/担保人	备注

除上述列示的银行借款外，本公司并无在贵行的其他借款。

注：此函仅函证截至资产负债表日本公司尚未归还的借款。

3. **截至函证日之前12个月内注销的账户**

账户名称	银行账号	币　　种	注销账户日

除上述列示的账户外，本公司并无截至函证日之前12个月内在贵行注销的其他账户。

4. **委托存款**

账户名称	银行账号	借款方	币种	利率	余额	存款起止日期	备　注

除上述列示的委托存款外，本公司并无通过贵行办理的其他委托存款。

5. **委托贷款**

账户名称	银行账号	资金使用方	币种	利率	余额	贷款起止日期	备　注

除上述列示的委托贷款外，本公司并无通过贵行办理的其他委托贷款。

6. **担保**

（1）本公司为其他单位提供的、以贵行为担保受益人的担保

被担保人	担保方式	担保金额	担保期限	担保事由	担保合同编号	被担保人与贵行就担保事项往来的内容（贷款等）	备注

除上述列示的担保外，本公司并无其他以贵行为担保受益人的担保。

注：如采用抵押或质押方式提供担保的，应在备注中说明抵押或质押物情况。

（2）贵行向本公司提供的担保

被担保人	担保方式	担保金额	担保期限	担保事由	担保合同编号	备　注

除上述列示的担保外，本公司并无贵行提供的其他担保。

7. **本公司为出票人且由贵行承兑而尚未支付的银行承兑汇票**

银行承兑汇票号码	票面金额	出票日	到期日

除上述列示的银行承兑汇票外，本公司并无由贵行承兑而尚未支付的其他银行承兑汇票。

8. 本公司向贵行已贴现而尚未到期的商业汇票

商业汇票号码	付款人名称	承兑人名称	票面金额	票面利率	出票日	到期日	贴现日	贴现率	贴现净额

除上述列示的商业汇票外，本公司并无向贵行已贴现而尚未到期的其他商业汇票。

9. 本公司为持票人且由贵行托收的商业汇票

商业汇票号码	承兑人名称	票面金额	出票日	到期日

除上述列示的商业汇票外，本公司并无由贵行托收的其他商业汇票。

10. 本公司为申请人、由贵行开具的未履行完毕的不可撤销信用证

信用证号码	受益人	信用证金额	到期日	未使用金额

除上述列示的不可撤销信用证外，本公司并无由贵行开具未履行完毕的其他不可撤销信用证。

11. 本公司与贵行之间未履行完毕的外汇买卖合约

类　别	合约号码	买卖币种	未履行之合约买卖金额	汇　率	交收日期
银行卖予公司					
公司卖予银行					

除上述列示的外汇买卖合约外，本公司并无与贵行未履行完毕的其他外汇买卖合约。

12. 本公司存放于贵行的有价证券或其他产权文件

有价证券或其他产权文件名称	产权文件编号	数　量	金　额

除上述列示的有价证券或其他产权文件外，本公司并无存放于贵行的其他有价证券或其他产权文件。

13. **其他重大事项**

注：此项应填列注册会计师认为重大且应予函证的其他事项，如信托存款等，如无则应填写"不适用"。

（被审计单位盖章）
二〇×九年×月×日
经办人：

以下仅供被函证银行使用

结论：

1. 信息证明无误。 （银行盖章） 年　月　日 经办人：	2. 信息不符，请列明不符项目及具体内容（对于在本函前述第1项至第13项中漏列的其他重要信息，请列出详细资料）。 （银行盖章） 年　月　日 经办人：

2. 短期投资

短期投资实质性程序

被审计单位：________	索引号：　4102
项目：________	截止日：________
编制：________	复核：________
日期：________	日期：________

一、需从实质性程序获取的保证程度

项　目	财务报表认定				
	存　在	完整性	权利和义务	计价和分摊	列　报
1. 审计目标	A	B	C	D	E
2. 需从实质性程序获取的保证程度					

注：根据财务报表项目的重要性、评估的各认定的重大错报风险以及控制测试（如有）的结果填写。

二、实质性程序

审计目标	可供选择的实质性程序	是否选择	索引号
D	1. 获取或编制短期投资明细表： （1）复核加计正确，与总账数和明细账合计数核对是否相符，结合短期投资跌价准备科目与报表数核对是否相符； （2）检查非记账本位币短期投资的折算汇率及折算是否正确； （3）检查被审计单位对短期投资的分类是否正确，是否符合企业会计制度的规定。		4102－2
ADC	2. 检查短期投资是否存在，账面金额是否正确： （1）获取或编制短期投资盘点表，监盘库存有价证券，并与相关账户余额进行核对。如有差异，应查明原因，必要时提请被审计单位调整； （2）获取股票、债券账户对账单，与明细账余额核对，需要时，向证券登记公司等发函询证，关注期末资金账户余额会计处理是否正确； （3）获取期货账户对账单，与明细账余额核对。必要时，向期货公司发函询证，并关注期末资金账户余额会计处理是否正确； （4）如短期投资在资产负债表日后已售出或兑换，追查至相关原始凭证，以确认其在资产负债表日存在；		4102－3 4102－4 4102－5 4102－6 4102－7

续表

审计目标	可供选择的实质性程序	是否选择	索引号
ADC	（5）对短期投资中委托贷款实施函证程序，并分析函证结果； （6）对在外保管的有价证券，查阅有关保管证明文件，必要时，向保管人函证。了解在外保管的短期投资实质上是否为委托理财。如是，应详细记录，分析资金的安全性和可收回性，检查其会计处理是否正确。		4102－3 4102－4 4102－5 4102－6 4102－7
BCA	3. 检查短期投资的会计记录是否完整，短期投资是否归被审计单位所有，短期投资的变现是否存在重大限制： （1）取得有关账户流水单，对照检查账面记录是否完整。检查购入短期投资是否为被审计单位拥有； （2）短期投资中如有委托贷款项目，索取委托银行贷款合同，查明是否确为委托银行贷款； （3）结合函证程序，确定是否存在变现限制。		4102－3
D	4. 检查短期投资的计价是否正确： （1）复核短期投资的初始投资成本计价是否正确，短期投资成本是否为取得投资时实际支付的全部价款，包括税金、手续费等相关费用，实际支付的价款中包含的已宣告但尚未领取的现金股利，或已到付息期但尚未领取的债券利息，是否作为应收项目单独核算； （2）在实际收到短期投资的现金股利或利息时，是否冲减短期投资的账面价值（收到的已记入应收项目的现金股利或利息除外）； （3）短期投资中如有委托贷款项目，检查委托银行贷款利息收入计算和账务处理是否正确。		略
ABD	5. 抽取短期投资增减变动的相关凭证，检查其原始凭证是否完整合法，会计处理是否正确： （1）对于增加的短期投资，应检查成本、交易费用和相关利息或股利的会计处理是否符合规定； （2）对于减少的短期投资，应检查出售短期投资时其成本结转是否正确。		略
D	6. 复核与短期投资有关的损益计算是否准确，并与投资收益等项目核对。		略
D	7. 检查短期投资跌价准备： （1）本期计提的短期投资跌价准备是否符合规定，会计处理是否正确； （2）检查已计提跌价准备的短期投资市价恢复时的会计处理是否正确。		4102－8
	8. 针对评估的舞弊风险等因素增加的审计程序。 ……		略
E	9. 检查短期投资是否按照企业会计制度的规定恰当列报。		略

短期投资审定表

被审计单位：	索引号：4102－1
项目：	截止日：
编制：	复核：
日期：	日期：

项目名称	期末未审数	账项调整		重分类调整		期末审定数	上期末审定数	索引号
		借方	贷方	借方	贷方			
账面原值：								
1. 股票投资								
2. 债券投资								
3. 基金投资								
4. 其他								
跌价准备：								
1. 股票投资								
2. 债券投资								
3. 基金投资								
4. 其他								
账面净值：								
1. 股票投资								
2. 债券投资								
3. 基金投资								
4. 其他								
合　　计								

审计结论：

短期投资明细表

被审计单位：	索引号：4102－2
项目：	截止日：
编制：	复核：
日期：	日期：

项目名称	期初余额	本期增加	本期减少	期末余额	备　　注
合　　计					

审计说明：

短期投资函证汇总表

被审计单位：	索引号：4102－3
项目：	截止日：
编制：	复核：
日期：	日期：

项目名称	账面结存证券投资			证券交易账户流水单			函证情况					差　异		
	数量	面值（单价）	总计	数量	面值（单价）	总计	函证日期	函证编号	回函日期	回函数量	回函金额	数量	金额	原因

审计说明：

索引号：4102－4

询证函

（适用于证券投资）

××公司：

本公司聘请的××会计师事务所正在对本公司20×8年度的财务报表进行审计，按照中国注册会计师审计准则的要求，应当询证本公司与贵公司的证券投资等事项。下列信息出自本公司账簿记录，如与贵公司记录相符，请在本函下端“信息证明无误”处签章证明；如有不符，请在“信息不符”处列明不符项目；如存在与本公司有关的未列入本函的其他项目，也请在“信息不符”处列出这些项目的金额及详细资料。回函请直接寄至××会计师事务所。

回函地址：　　　　　　　　　　　　　邮编：

电话：　　　　　　传真：　　　　　　联系人：

1. 截至20×8年×月×日，本公司的证券投资账项列示如下：

证券名称	证券代码	数　量	账面成本	期末市价

2. 其他事项

（被审计单位盖章）

二〇×九年×月×日

结论：

1. 信息证明无误。 （被询证单位盖章） 年　月　日 经办人：	2. 信息不符，请列明不符项目及具体内容。 （被询证单位盖章） 年　月　日 经办人：

短期投资监盘表

被审计单位：________　　索引号：4102－5

项目：________　　截止日：________

编制：________　　复核：________

日期：________　　日期：________

盘点日实存短期投资						资产负债表日至盘点日增加（减少）		资产负债表日实存短期投资					账面结存短期投资			差异	备注
项目名称	数量	面值	总计	票面利率	到期日	数量	面值	数量	面值	总计	票面利率	到期日	数量	面值	总计		

保管人员：　　会计主管：　　监盘地点：　　监盘时间：　　监盘人员：

注：1. 盘点时，应与现金盘点同时进行，审计人员不要单独接触短期投资。

2. 对放置在不同位置的短期投资要同时进行检查，以免短期投资被移置，影响检查的正确性。

审计说明：

索引号：4102－6

询证函

（适用于由证券经纪商之外第三方保管的短期投资）

××公司：

本公司聘请的××会计师事务所正在对本公司20×8年度的财务报表进行审计，按照中国注册会计师审计准则的要求，应当询证本公司在贵公司代保管的短期投资等事项。以下是根据本公司会计记录列出的信息，请与贵公司20×8年×月×日代本公司保管的短期投资进行核对，如与贵公司代保管记录相符，请在本函下端“信息证明无误”处签章证明；如有不符，请在“信息不符”处列明不符项目。如存在与本公司有关的未列入本函的其他项目，也请在“信息不符”处列出这些项目的金额及详细资料。回函请直接寄至××会计师事务所。

回函地址：　　　　　　　　　　　　邮编：
电话：　　　　　传真：　　　　　　联系人：

1. 以下列示的短期投资于20×8年×月×日归本公司所有，并委托贵公司保管。本公司在贵公司代保管的短期投资账项列示如下：

证券名称	安全识别码	本金或面值	数　量	总　计

2. 其他事项

（被审计单位盖章）
二〇×九年×月×日

结论：

1. 信息证明无误。 （被询证单位盖章） 年　月　日 经办人：	2. 信息不符，请列明不符项目及具体内容。 （被询证单位盖章） 年　月　日 经办人：

索引号：4102－7

询证函

（适用于证券经纪商保管的短期投资）

××公司：

本公司聘请的××会计师事务所正在对本公司20×8年度的财务报表进行审计，按照中国注册会计师审计准则的要求，应当询证由贵公司代保管的短期投资等事项。以下是根据本公司会计记录列出的信息，请与贵公司20×8年×月×日代本公司保管的短期投资进行核对，如与贵公司代保管记录相符，请在本函下端“信息证明无误”处签章证明；如有不符，请在“信息不符”处列明不符项目；如存在与本公司有关的未列入本函的其他项目，也请在“信息不符”处列出这些项目的金额及详细资料。回函请直接寄至××会计师事务所。

回函地址：　　　　　　　　　　　　邮编：

电话：　　　　　传真：　　　　　　联系人：

1. 以下列示的短期投资于20×8年×月×日归本公司所有，并委托贵公司保管。本公司在贵公司代保管的短期投资账项列示如下：

证券名称	本金或面值	数　量	总　计

2. 委托理财事项

3. 未结算账款

4. 其他事项

（被审计单位盖章）

二〇×九年×月×日

结论：

1. 信息证明无误。 （被询证单位盖章） 年　月　日 经办人：	2. 信息不符，请列明不符项目及具体内容。 （被询证单位盖章） 年　月　日 经办人：

短期投资跌价准备复核表

被审计单位：________　索引号：4102－8

项目：________　截止日：________

编制：________　复核：________

日期：________　日期：________

项目名称	账面数		市　价			应计提跌价准备 ⑤	账面已计提跌价准备 ⑥	差异 ⑦=⑤－⑥	备　注
	期末数量 ①	期末余额 ②	市价 ③	市价来源	证券市值 ④=①×③				
合　计									

注：如果②＜④，无需计提跌价准备；如果②＞④，应计提跌价准备⑤＝②－④。

审计说明：

3. 应收票据

应收票据实质性程序

被审计单位：________	索引号：4103
项目：________	截止日：________
编制：________	复核：________
日期：________	日期：________

一、需从实质性程序获取的保证程度

项　　目	财务报表认定				
	存　在	完整性	权利和义务	计价和分摊	列　报
1. 审计目标	A	B	C	D	E
2. 需从实质性程序获取的保证程度					

注：根据财务报表项目的重要性、评估的各认定的重大错报风险以及控制测试（如有）的结果填写。

二、实质性程序

审计目标	可供选择的实质性程序	是否选择	索引号
D	1. 获取或编制应收票据明细表： （1）复核加计是否正确，与报表数、总账数和明细账合计数核对是否相符； （2）检查非记账本位币应收票据的折算汇率及折算是否正确； （3）检查逾期票据是否已转为应收账款。		4103－2
B	2. 检查被审计单位“应收票据备查簿”，核对是否与账面记录一致： （1）在应收票据明细表上标出至审计时已兑现或已贴现的应收票据；追查至期后的相关原始凭证，以确认在资产负债表日存在； （2）获取或编制在资产负债表日未到期但已贴现或已背书转让的商业承兑汇票清单，关注被审计单位的连带责任及是否存在贴现保证金。		4103－2
ACD	3. 对库存票据实施监盘程序，并与“应收票据备查簿”有关内容核对： （1）监盘库存票据，关注票据的种类、号数、签收的日期、到期日、票面金额、合同交易号、付款人、承兑人、背书人姓名或单位名称以及利率、贴现率、收款日期、收回金额等是否与应收票据备查簿记录相符； （2）关注是否存在已作质押的票据和银行退回的票据。		略

续表

审计目标	可供选择的实质性程序	是否选择	索引号
A	4. 对于大额票据，获取相应销售合同或协议、销售发票和出库单等原始交易资料并进行核对，证实是否存在真实交易。		略
D	5. 复核带息票据的利息计算及其会计处理是否正确。		略
	6. 标明应收关联方［包括持股5%以上（含5%）股东］的票据，执行关联方及其交易审计程序。		略
	7. 针对评估的舞弊风险等因素增加的审计程序。		
E	8. 检查应收票据是否按照企业会计制度的规定恰当列报。		

应收票据审定表

被审计单位：

项目：

编制：

日期：

索引号： 4103－1

截止日：

复核：

日期：

项　　目	期末未审数	账项调整		重分类调整		期末审定数	上期末审定数	索引号
		借方	贷方	借方	贷方			
关联方：								
非关联方：								
合　　计								

审计结论：

应收票据明细表

被审计单位：	索引号：4103－2
项目：	截止日：
编制：	复核：
日期：	日期：

类　别	票种	出票/背书单位	承兑单位	期末数	出票日	到期日	是否逾期	是否质押	期后转销情况	监盘情况	是否函证
关联方：											
小　计											
非关联方：											
小　计											
合　计											

本期应收票据贴现情况	承兑单位	出票日	到期日	票面金额	贴现情况			承兑人到期兑付情况
					日期	单位	金额	

审计说明：

4. 应收股利

应收股利实质性程序

被审计单位：	索引号： 4104
项目：	截止日：
编制：	复核：
日期：	日期：

一、需从实质性程序获取的保证程度

项　目	财务报表认定				
	存　在	完整性	权利和义务	计价和分摊	列　报
1. 审计目标	A	B	C	D	E
2. 需从实质性程序获取的保证程度					

注：根据财务报表项目的重要性、评估的各认定的重大错报风险以及控制测试（如有）的结果填写。

二、实质性程序

审计目标	可供选择的实质性程序	是否选择	索引号
D	1. 获取或编制应收股利明细表： （1）复核加计正确，与报表数、总账数和明细账合计数核对是否相符； （2）检查非记账本位币应收股利的折算汇率及折算是否正确。		4104－2
ABDC	2. 检查应收股利增减变动： （1）结合股权投资项目审计，验证应收股利的计算是否正确，检查会计处理是否正确； （2）对于重大的应收股利项目，获取并审阅利润分配方案等相关文件，必要时，向被投资单位函证并记录。		4104－3
A	3. 检查期后收款情况： （1）对至审计时已收回金额较大的股利进行检查，如核对收款凭证、银行对账单、股利分配方案等； （2）关注长期未收回且金额较大的应收股利，询问被审计单位管理人员及相关职员或者查询被投资单位的情况。必要时，向被投资单位函证股利支付情况，复核并记录函证结果。		略

续表

审计目标	可供选择的实质性程序	是否选择	索引号
CE	4. 结合股权投资审计，检查确定境外投资应收股利的汇回是否存在重大限制。如果存在，检查被审计单位是否已充分披露。		略
	5. 针对识别的舞弊风险等因素增加的审计程序。		略
E	6. 检查应收股利是否按照企业会计制度的规定恰当列报。		略

应收股利审定表

被审计单位：	索引号： 4104－1
项目：	截止日：
编制：	复核：
日期：	日期：

项目名称	期末未审数	账项调整		重分类调整		期末审定数	上期末审定数	索引号
		借方	贷方	借方	贷方			
合　计								

审计结论：

应收股利明细表

被审计单位：	索引号：4104－2
项目：	截止日：
编制：	复核：
日期：	日期：

项目名称	期初余额	本期增加	本期减少	期末余额	备　　注
合　　计					

审计说明：

应收股利检查表

被审计单位：	索引号：4104－3
项目：	截止日：
编制：	复核：
日期：	日期：

一、增加项目检查

如果项目较少，逐项重新计算应收股利金额。如果在相关的股权投资工作底稿中已对应收股利进行测算，则与相关工作底稿索引即可。

项目名称	持股比例	被投资项目股利分配总额	应计股利	已计股利	差异	差异原因	股利分配文件索引号	是否在期后收回
合　　计								

二、减少项目检查

检查应收股利减少是否为已收回股利，并已记录在银行存款中。如不是，则应详查原始单据以确定其减少的正确性。

项目名称	本期减少	收回金额	其他原因减少			
			金　额	对应科目	原　因	相关资料索引号
合　　计						

审计说明：

5. 应收利息

应收利息实质性程序

被审计单位：	索引号：4105
项目：	截止日：
编制：	复核：
日期：	日期：

一、需从实质性程序获取的保证程度

项　目	财务报表认定				
	存　在	完整性	权利和义务	计价和分摊	列　报
1. 审计目标	A	B	C	D	E
2. 需从实质性程序获取的保证程度					

注：根据财务报表项目的重要性、评估的各认定的重大错报风险以及控制测试（如有）的结果填写。

二、实质性程序

审计目标	可供选择的实质性程序	是否选择	索引号
D	1. 获取或编制应收利息明细表： （1）复核加计正确，与报表数、总账数和明细账合计数核对是否相符； （2）检查非记账本位币应收利息的折算汇率及折算是否正确。		4105－2
ABDC	2. 检查应收利息增减变动： （1）结合短期投资、长期债权投资等相关项目审计，确定应收利息计算及会计处理是否正确； （2）获取相应的债券契约条款，审查应收利息的内容是否均为购入分期付息、到期还本的债权投资应收取的利息。		4105－3
A	3. 检查期后收款情况： （1）对至审计时已收回金额较大的款项进行检查，如核对收款凭证、银行对账单等； （2）关注长期未收回及金额较大的应收利息，询问被审计单位管理人员及相关职员。必要时，向被投资单位函证利息支付情况，复核并记录函证结果。		略

续表

审计目标	可供选择的实质性程序	是否选择	索引号
	4. 标明应收关联方的利息，执行关联方及其交易审计程序。		略
	5. 针对评估的舞弊风险等因素增加的审计程序。		略
E	6. 检查应收利息是否按照企业会计制度的规定恰当列报。		略

应收利息审定表

被审计单位：	索引号：4105－1
项目：	截止日：
编制：	复核：
日期：	日期：

项目名称	期末未审数	账项调整		重分类调整		期末审定数	上期末审定数	索引号
		借方	贷方	借方	贷方			
合　计								

审计结论：

应收利息明细表

被审计单位：________ 索引号：4105－2

项目：________ 截止日：________

编制：________ 复核：________

日期：________ 日期：________

项目名称	期初余额	本期增加	本期减少	期末余额	备　注
合　计					

审计说明：

应收利息测算表

被审计单位：________	索引号：4105－3
项目：________	截止日：________
编制：________	复核：________
日期：________	日期：________

一、增加项目检查

如果项目较少，逐项重新计算应收利息金额。如果在相关财务报表项目工作底稿中已对应收利息进行测算，则与相关的工作底稿索引即可。

项目名称	票面金额 ①	票面利率 ②	计息月数 ③	应计利息 ④＝①×②×③	已计利息 ⑤	差异 ⑥＝④－⑤	差异原因
合　计							

二、减少项目检查

检查应收利息减少是否为已收回利息，并已记录在银行存款中。如不是，则应详查原始单据以确定其减少的正确性。

项目名称	本期减少	收回金额	其他原因减少			
			金　额	对应科目	原　因	相关资料索引号
合　计						

审计说明：

6. 应收账款

应收账款实质性程序

被审计单位：______	索引号：4106
项目：______	截止日：______
编制：______	复核：______
日期：______	日期：______

一、需从实质性程序获取的保证程度

项　目	财务报表认定				
	存　在	完整性	权利和义务	计价和分摊	列　报
1. 审计目标	A	B	C	D	E
2. 需从实质性程序获取的保证程度					

注：根据财务报表项目的重要性、评估的各认定的重大错报风险以及控制测试（如有）的结果填写。

二、实质性程序

审计目标	可供选择的实质性程序	是否选择	索引号
D	1. 获取或编制应收账款（包括相应的坏账准备）明细表（含账龄分析）： （1）复核加计是否正确，并与总账数和明细账合计数核对是否相符；结合坏账准备科目与报表数核对是否相符； （2）检查非记账本位币应收账款的折算汇率及折算是否正确； （3）分析有贷方余额的项目，查明原因，必要时，提请被审计单位重分类调整； （4）结合其他应收款、预收账款等往来项目的明细余额，检查有无同一客户多处挂账、异常余额或与销售无关的其他款项（如代销账户、关联方账户或雇员账户）； （5）标识重要的欠款单位，计算其欠款合计数占应收账款余额的比例。		4106－2
AB	2. 对与应收账款相关的财务指标进一步分析： （1）分析信用政策是否发生变化，计算本期应收账款借方累计发生额与营业收入百分比，并与上期及管理层的考核指标进行比较； （2）分析应收账款周转率、应收账款周转天数等指标，与被审计单位以前年度指标、同行业指标对比分析，是否存在重大异常。		略

续表

审计目标	可供选择的实质性程序	是否选择	索引号
ACD	3. 实施应收账款函证程序（除非有充分证据表明应收账款对财务报表不重要或函证很可能无效，否则，应对应收账款进行函证。如果不对应收账款进行函证，应在工作底稿中说明理由。如果认为函证很可能无效，应当实施替代审计程序获取充分、适当的审计证据）： （1）根据分析的账龄和标注的重要欠款单位，选取适量的样本函证； （2）对函证实施过程进行控制：询证函应由注册会计师直接收发；被询证者以传真、电子邮件等方式回函的，应要求被询证者寄回询证函原件；如果未能收到积极式函证回函，应当考虑与被询证者联系，要求对方作出回应或再次寄发询证函； （3）编制“应收账款函证结果汇总表”，分析评价函证结果。核对回函内容与被审计单位账面记录是否一致，如不一致，分析不符事项的原因，编制“应收账款函证结果调节表”，并检查支持性凭证；如果不符事项构成错报，应重新考虑所实施审计程序的性质、时间和范围； （4）针对最终未回函的账户实施替代审计程序（如实施期后收款测试、检查运输记录、销售合同等相关原始资料及询问被审计单位有关部门等）。		4106－3 4106－4 4106－5 4106－6 4106－7 4106－8
BA	4. 应收账款豁（减）免的截止测试： （1）在资产负债表日前后分别选取适量的样本（____日内被审计单位授予欠款单位的、金额大于____的减免应收账款凭证），测试豁（减）免的金额是否记入恰当的期间； （2）检查资产负债表日前后销售退回和赊销水平，确定是否存在异常迹象（如与正常水平相比），并考虑是否有必要追加审计程序。		略
D	5. 分析评价坏账准备的适当性： （1）检查坏账准备计提和核销的批准程序，取得书面报告等证明文件。评价计提坏账准备所依据的资料、假设及方法；复核应收账款坏账准备是否按经股东会或董事会批准的既定方法和比例提取，计算和会计处理是否正确； （2）在账龄分析表中，选取适量样本（金额大于____的账户，逾期超过____天的账户以及认为必要的其他账户），测试账龄及计提坏账准备的适当性。与授信部门经理或其他相关人员讨论其可收回性，复核往来函件或其他相关信息； （3）实际发生坏账损失的，检查转销依据是否符合有关规定，会计处理是否正确，关注是否已办妥税务部门审批手续； （4）检查应收账款中是否存在债务人破产或者死亡，以其破产财产或者遗产清偿后仍无法收回，或者债务人长期未履行偿债义务的情况，如果存在，应提请被审计单位处理； （5）已经确认并转销的坏账重新收回的，检查其会计处理是否正确； （6）通过比较前期坏账准备计提数和实际发生数以及检查期后事项，评价应收账款坏账准备计提的合理性。		4106－9

续表

审计目标	可供选择的实质性程序	是否选择	索引号
	6. 标明应收关联方［包括持股5%以上（含5%）股东］的款项，执行关联方及其交易审计程序。		略
	7. 针对评估的舞弊风险等因素增加的审计程序。		略
E	8. 检查应收账款是否按照企业会计制度的规定恰当列报。		略

应收账款审定表

被审计单位：	**索引号：** 4106－1
项目：	**截止日：**
编制：	**复核：**
日期：	**日期：**

项　　目	期末未审数	账项调整		重分类调整		期末审定数	上期末审定数	索引号
		借方	贷方	借方	贷方			
一、账面余额合计								
1 年以内								
1～2 年								
2～3 年								
3 年以上								
……								
二、坏账准备合计								
1 年以内								
1～2 年								
2～3 年								
3 年以上								
……								
三、账面价值合计								
1 年以内								
1～2 年								
2～3 年								
3 年以上								
……								

审计结论：

应收账款明细表

被审计单位：________　　索引号：4106－2

项目：________　　截止日：________

编制：________　　复核：________

日期：________　　日期：________

单位名称（项目）	期末余额			账龄				备注
	原币	汇率	折合人民币	1年以内	1～2年	2～3年	3年以上	
一、关联方								
小　计								
二、非关联方								
小　计								
合　计								

审计说明：

一、积极式询证函（格式一）

索引号：4106－3

询证函

××公司：

本公司聘请的××会计师事务所正在对本公司20×8年度财务报表进行审计，按照中国注册会计师审计准则的要求，应当询证本公司与贵公司的往来账项等事项。下列信息出自本公司账簿记录，如与贵公司记录相符，请在本函下端“信息证明无误”处签章证明；如有不符，请在“信息不符”处列明不符项目。如存在与本公司有关的未列入本函的其他项目，也请在“信息不符”处列出这些项目的金额及详细资料。回函请直接寄至××会计师事务所。

回函地址：　　　　　　　　　　　　　　　　邮编：
电话：　　　　　　　传真：　　　　　　　　联系人：

1. **本公司与贵公司的往来账项列示如下：**

单位：元

截止日期	贵公司欠本公司	本公司欠贵公司	备　　注

2. **其他事项**

本函仅为复核账目之用，并非催款结算。若款项在上述日期之后已经付清，仍请及时函复为盼。

（被审计单位盖章）
二〇×九年×月×日

结论：

1. 信息证明无误。 （被询证单位盖章） 年　月　日 经办人：	2. 信息不符，请列明不符项目及具体内容。 （被询证单位盖章） 年　月　日 经办人：

二、积极式询证函（格式二）

索引号：4106－4

询证函

××公司：

本公司聘请的××会计师事务所正在对本公司20×8年度财务报表进行审计，按照中国注册会计师审计准则的要求，应当询证本公司与贵公司的往来账项等事项。请列示截至20×8年×月×日贵公司与本公司往来款项余额。回函请直接寄至××会计师事务所。

回函地址：　　　　　　　　　　　　邮编：

电话：　　　　　　传真：　　　　　　　联系人：

本函仅为复核账目之用，并非催款结算。若款项在上述日期之后已经付清，仍请及时函复为盼。

（被审计单位盖章）

二〇×九年×月×日

1. 贵公司与本公司的往来账项列示如下：

单位：元

截止日期	贵公司欠本公司	本公司欠贵公司	备　注

2. 其他事项

（被询证单位盖章）

二〇×九年×月×日

经办人：

三、消极式询证函（格式三）

索引号：4106－5

询证函

××公司：

本公司聘请的××会计师事务所正在对本公司20×8年度财务报表进行审计，按照中国注册会计师审计准则的要求，应当询证本公司与贵公司的往来账项等事项。下列信息出自本公司账簿记录，如与贵公司记录相符，则无需回复；如有不符，请直接回函寄至××会计师事务所，并在空白处列明贵公司认为正确的信息。

回函地址：　　　　　　　　　　　　　　　　邮编：
电话：　　　　　　传真：　　　　　　　　　联系人：

1. 本公司与贵公司的往来账项列示如下：

单位：元

截止日期	贵公司欠本公司	本公司欠贵公司	备　　注

2. 其他事项

本函仅为复核账目之用，并非催款结算。若款项在上述日期之后已经付清，仍请及时函复为盼。

（被审计单位盖章）
二○×九年×月×日

--折线缝--

××会计师事务所：

上面的信息不正确，差异如下：

（被询证单位盖章）
二○×九年×月×日
经办人：

应收账款函证结果汇总表

被审计单位：________　索引号：4106－6
项目：________　截止日：________
编制：________　复核：________
日期：________　日期：________

项目 单位名称	询证函编号	函证方式	函证日期		回函日期	账面金额	回函金额	调节后是否存在差异	调节表索引号
			第一次	第二次					
甲									
乙									
丙									
……									

审计说明：

应收账款函证结果调节表

被审计单位：________	索引号：4106－7
项目：________	截止日：________
编制：________	复核：________
日期：________	日期：________

被询证单位：________　回函日期：________

项　　目				金　　额
一、被询证单位回函余额				
减：被审计单位未记录、被询证单位已记录的项目				
（按经济事项内容列出的明细如下）				
1				
2				
3				
……				
加：被询证单位未记录、被审计单位已记录的项目				
	日　　期	凭证号	经济事项内容（摘要）	
1				
2				
3				
……				
二、调节后金额				
三、被审计单位账面金额				
四、调节后是否存在差异，差异金额				

审计说明：

应收账款替代测试表

被审计单位：________ 索引号：4106－8

项目：________ 截止日：________

编制：________ 复核：________

日期：________ 日期：________

一、资产负债表日前借方金额检查

单位名称	期末余额	测试内容				占余额比例①	检查内容②			
		日　期	凭证号	摘　要	金　额		①	②	③	④
检查内容说明：①原始凭证是否齐全；②记账凭证与原始凭证是否相符；③账务处理是否正确；④是否记录于恰当的会计期间。										

二、资产负债表日后的收款检查

单位名称	期末余额	测试内容				占余额比例%	检查内容③			
		日　期	凭证号	摘　要	金　额		①	②	③	④
检查内容说明：①原始凭证是否齐全；②记账凭证与原始凭证是否相符；③账务处理是否正确；④是否记录于恰当的会计期间。										

审计说明：

① 根据替代测试的审计目标，替代测试金额应能够涵盖该单位期末余额，即占余额比例不低于100%；一般不需要对贷方发生额进行替代测试。

② 根据审计目标，检查内容主要包括支持被审计单位取得向被询证单位收取款项权利的审计证据，如销售发票、出库单、被询证单位签收单或验收单等，并关注上述单据的日期。

③ 根据审计目标，检查内容主要包括支持被询证单位已于期后支付询证款项的审计证据，如银行进账单等。

坏账准备计算表

被审计单位：	索引号：4106－9
项目：	截止日：
编制：	复核：
日期：	日期：

	项目（单位名称）	计算过程	应收账款余额	依据或计提比例	计提坏账准备
一、	**期末坏账准备测算数：**		——	——	——
1.	按余额百分比法计提：	①			
2.	按账龄分析法计提：		——	——	——
	1年以内（含1年）			____%	
	1～2年（含2年）			____%	
	2～3年（含3年）			____%	
	3年以上			____%	
	小计	②		——	
3.	运用个别认定法计提：				
	单位A				
	单位B				
	……				
	小计	③			
	合计	④＝①＋②＋③		——	
二、	**本期坏账准备发生额及余额：**				
1.	期初账面余额（上期末审定数）	⑤	——	——	
2.	本期账面计提的坏账准备	⑥	——	——	
3.	本期转出（核销）金额：		——	——	——
	单位E			——	
	单位F			——	
	……			——	
	本期转出（核销）小计	⑦		——	
4.	期末账面余额	⑧＝⑤＋⑥－⑦	——	——	
三、	**差异（判断是否需要调整）**	⑨＝④－⑧	——	——	

注：被审计单位可选择的坏账准备计提方法包括：余额百分比法、账龄分析法、个别认定法。在同一会计期间内运用个别认定法的应收款项应从用其他方法计提坏账准备的应收款项中剔除。

审计说明：

7. 其他应收款

其他应收款实质性程序

被审计单位：	索引号： 4107
项目：	截止日：
编制：	复核：
日期：	日期：

一、需从实质性程序获取的保证程度

项目	财务报表认定				
	存在	完整性	权利和义务	计价和分摊	列报
1. 审计目标	A	B	C	D	E
2. 需从实质性程序获取的保证程度					

注：根据财务报表项目的重要性、评估的各认定的重大错报风险以及控制测试（如有）的结果填写。

二、实质性程序

审计目标	可供选择的实质性程序	是否选择	索引号
D	1. 获取或编制其他应收款（包括相应的坏账准备）明细表（含账龄分析）： （1）复核加计正确，并与总账数和明细账合计数核对是否相符，结合坏账准备科目与报表数核对是否相符； （2）检查非记账本位币其他应收款的折算汇率及折算是否正确； （3）了解其他应收款重大项目的内容及性质，重点关注是否存在资金被关联企业（或实际控制人）大量占用、变相拆借资金、隐形投资、或有损失等情况； （4）结合应收账款、其他应付款等明细余额，检查是否有同时挂账的项目； （5）分析有贷方余额的项目，查明原因，必要时，提请被审计单位作重分类调整； （6）标识重要明细项目。		4107－2
ACD	2. 对其他应收款实施函证程序（步骤见“应收账款”实质性程序）。		4107－3
B	3. 结合货币资金等项目的审计，检查是否存在未入账的其他应收款。		略

续表

审计目标	可供选择的实质性程序	是否选择	索引号
D	4. 评价坏账准备计提的合理性： （1）检查其他应收账款坏账准备计提和核销的批准程序，取得相关审计证据。评价坏账准备所依据的资料、假设及计提方法。复核其他应收款坏账准备是否按股东会或董事会批准的既定方法和比例提取，会计处理是否正确； （2）在账龄分析表中，选取适量样本（金额大于____的账户，逾期超过____天账户，以及认为必要的其他账户）。针对所选取的账户，测试账龄及计提坏账准备的适当性； （3）检查其他应收款转作坏账损失的项目是否符合规定，会计处理是否正确，关注是否已办妥税务部门审批手续； （4）检查其他应收款中是否存在债务人破产或者死亡，以其破产财产或者遗产清偿后仍无法收回，或者债务人长期未履行偿债义务的情况。如果存在，应提请被审计单位处理； （5）检查已经确认并转销的坏账重新收回的，其会计处理是否正确； （6）通过比较前期坏账准备计提数和实际发生数，以及检查期后事项，评价坏账准备计提的合理性。		4107 -4
	5. 标明应收关联方［包括持股5%以上（含5%）股东］的款项，执行关联方及其交易审计程序。		略
	6. 针对评估的舞弊风险等因素增加的审计程序。		略
E	7. 检查其他应收款是否按照企业会计制度的规定恰当列报。		略

其他应收款审定表

被审计单位：________ 索引号：4107－1

项目：________ 截止日：________

编制：________ 复核：________

日期：________ 日期：________

项　　目	期末未审数	账项调整		重分类调整		期末审定数	上期末审定数	索引号
		借方	贷方	借方	贷方			
一、账面余额合计								
1年以内								
1～2年								
2～3年								
3年以上								
……								
二、坏账准备合计								
1年以内								
1～2年								
2～3年								
3年以上								
……								
三、账面价值合计								
1年以内								
1～2年								
2～3年								
3年以上								
……								

审计结论：

其他应收款明细表

被审计单位：	索引号：4107－2
项目：	截止日：
编制：	复核：
日期：	日期：

单位名称（项目）	期末余额			账龄				性质或内容
	原币	汇率	折合人民币	1年以内	1～2年	2～3年	3年以上	
一、关联方								
小　计								
二、非关联方								
小　计								
合　计								

审计说明：

其他应收款替代测试表

被审计单位：	索引号：4107－3
项目：	截止日：
编制：	复核：
日期：	日期：

一、资产负债表日前借方金额检查

单位名称	期末余额	测试内容				占余额比例	检查内容			
		日期	凭证号	摘要	金额		①	②	③	④
检查内容说明：①原始凭证是否齐全；②记账凭证与原始凭证是否相符；③账务处理是否正确；④是否记录于恰当的会计期间。										

二、资产负债表日后的收款检查

单位名称	期末余额	测试内容				占余额比例	检查内容			
		日期	凭证号	摘要	金额		①	②	③	④
检查内容说明：①原始凭证是否齐全；②记账凭证与原始凭证是否相符；③账务处理是否正确；④是否记录于恰当的会计期间。										

审计说明：

其他应收款坏账准备计算表

被审计单位：________	索引号：4107－4
项目：________	截止日：________
编制：________	复核：________
日期：________	日期：________

	项目（单位名称）	计算过程	应收账款余额	依据或计提比例	计提坏账准备
一、	**期末坏账准备测算数：**				
1.	按余额百分比法计提：	①			
2.	按账龄分析法计提：		——	——	——
	1年以内（含1年）			____%	
	1～2年（含2年）			____%	
	2～3年（含3年）			____%	
	3年以上			____%	
	小计	②		——	
3.	运用个别认定法计提：				
	单位A				
	单位B				
	……				
	小计	③			
	合计	④＝①＋②＋③		——	
二、	**本期坏账准备发生额及余额：**				
1.	期初账面余额（上期末审定数）	⑤	——	——	
2.	本期账面计提的坏账准备	⑥	——	——	
3.	本期转出（核销）金额：		——	——	——
	单位F			——	
	单位H			——	
	……			——	
	本期转出（核销）小计	⑦		——	
4.	期末账面余额	⑧＝⑤＋⑥－⑦	——	——	
三、	**差异（判断是否需要调整）**	⑨＝④－⑧	——	——	

注：被审计单位可选择的坏账准备计提方法包括：余额百分比法、账龄分析法、个别认定法。在同一会计期间内运用个别认定法的应收款项应从用其他方法计提坏账准备的应收款项中剔除。

审计说明：

8. 预付账款

预付账款实质性程序

被审计单位：________	索引号：4108
项目：________	截止日：________
编制：________	复核：________
日期：________	日期：________

一、需从实质性程序获取的保证程度

项　目	财务报表认定				
	存　在	完整性	权利和义务	计价和分摊	列　报
1. 审计目标	A	B	C	D	E
2. 需从实质性程序获取的保证程度					

注：根据财务报表项目的重要性、评估的各认定的重大错报风险以及控制测试（如有）的结果填写。

二、实质性程序

审计目标	可供选择的实质性程序	是否选择	索引号
D	1. 获取或编制预付账款明细表： （1）复核加计是否正确，与报表数、总账数和明细账合计数核对是否相符； （2）结合应付账款明细账审计，检查有无重复付款或将同一笔已付清的账款在预付账款和应付账款两个科目中同时挂账的情况； （3）分析出现贷方余额的项目，查明原因，必要时提请被审计单位进行重新分类调整； （4）对期末预付账款余额与上期期末余额进行比较，解释其波动原因。		4108－2
AD	2. 分析预付账款账龄及余额构成，并检查： （1）大额款项是否根据有关购货合同支付； （2）检查一年以上预付账款未核销的原因及发生坏账的可能性； （3）检查是否存在不符合预付账款性质的款项。		略
ACD	3. 选择预付账款的重要项目函证其余额和交易条款，对未回函的再次发函或实施替代的检查程序（检查原始凭单，如合同、发票、验收单，核实预付账款是否存在）。		略

续表

审计目标	可供选择的实质性程序	是否选择	索引号
AB	4. 检查资产负债表日后的预付账款、存货及在建工程明细账，并检查相关凭证，核实期后是否已收到实物并转销预付账款，分析资产负债表日预付账款是否存在和完整。		略
	5. 标明预付关联方［包括持股5%以上（含5%）股东］的款项，执行关联方及其交易审计程序。		略
	6. 针对评估的舞弊风险等因素增加的审计程序。		略
E	7. 检查预付账款是否按照企业会计制度的规定恰当列报。		略

预付账款审定表

被审计单位：	索引号：4108－1
项目：	截止日：
编制：	复核：
日期：	日期：

项　　目	期末未审数	账项调整		重分类调整		期末审定数	上期末审定数	索引号
		借方	贷方	借方	贷方			
1 年以内								
1～2 年								
2～3 年								
3 年以上								

审计结论：

预付账款明细表

被审计单位：	**索引号：** 4108－2
项目：	**截止日：**
编制：	**复核：**
日期：	**日期：**

单位名称（项目）	期末余额			账　龄				备　注
	原币	汇率	折合人民币	1 年以内	1～2 年	2～3 年	3 年以上	
一、关联方								
小　计								
二、非关联方								
小　计								
合　计								

审计说明：

9. 应收补贴款

应收补贴款实质性程序

被审计单位：	索引号： 4109
项目：	截止日：
编制：	复核：
日期：	日期：

一、需从实质性程序获取的保证程度

项　　目	财务报表认定				
	存　在	完整性	权利和义务	计价和分摊	列　报
1. 审计目标	A	B	C	D	E
2. 需从实质性程序获取的保证程度					

注：根据财务报表项目的重要性、评估的各认定的重大错报风险以及控制测试（如有）的结果填写。

二、实质性程序

审计目标	可供选择的实质性程序	是否选择	索引号
D	1. 获取或编制应收补贴款明细表；复核加计正确，与报表数、总账数和明细账合计数核对是否相符。		4109－2
ACD	2. 获取应收补贴款相关的文件依据，检查应收补贴款发生的内容、性质是否合法。		略
DACB	3. 复核应收补贴款的计算是否正确；必要时，向相关部门函证。将应收补贴款与补贴收入项目勾稽核对。		略
	4. 针对评估的舞弊风险等因素增加的审计程序。		略
E	5. 检查应收补贴款是否按照企业会计制度的规定恰当列报。		略

应收补贴款审定表

被审计单位：	**索引号：** 4109－1
项目：	**截止日：**
编制：	**复核：**
日期：	**日期：**

项 目	期末未审数	账项调整		重分类调整		期末审定数	上期末审定数	索引号
		借方	贷方	借方	贷方			

审计结论：

应收补贴款明细表

被审计单位：________ 索引号：4109－2

项目：________ 截止日：________

编制：________ 复核：________

日期：________ 日期：________

项目名称	期初余额	本期增加	本期减少	期末余额	备　注
合　计					

审计说明：

10. 存　货

存货实质性程序

被审计单位：＿＿＿＿＿＿	索引号：4110
项目：＿＿＿＿＿＿	截止日：＿＿＿＿＿＿
编制：＿＿＿＿＿＿	复核：＿＿＿＿＿＿
日期：＿＿＿＿＿＿	日期：＿＿＿＿＿＿

一、需从实质性程序获取的保证程度

项　　目	财务报表认定				
	存　在	完整性	权利和义务	计价和分摊	列　报
1. 审计目标	A	B	C	D	E
2. 需从实质性程序获取的保证程度					

注：根据财务报表项目的重要性、评估的各认定的重大错报风险以及控制测试（如有）的结果填写。

二、实质性程序

审计目标	可供选择的实质性程序	是否选择	索引号
D	1. 获取或编制存货（包括构成存货报表项目的各类存货及对应的存货跌价准备）余额明细表。分别复核加计是否正确，并与总账数、明细账核对是否相符，存货总计数与报表数核对是否相符。		4110－2
ADB	2. 实施存货监盘程序： （1）取得被审计单位存货盘点计划。了解并询问盘点范围、方法、人员分工及时间安排等，在存货盘点计划问卷等工作底稿中记录和评价； （2）在被审计单位盘点存货前，确定应纳入盘点范围的存货是否已经适当整理和排列，并附有盘点标识。对未纳入盘点范围的存货，应当查明未纳入的原因； （3）对所有权不属于被审计单位的存货，应当取得其规格、数量等有关资料，并确定这些存货是否已分别存放、标明，且未被纳入盘点范围； （4）观察被审计单位盘点人员是否遵守盘点计划并准确地记录存货的数量和状况；		4110－5 4110－6 4110－7

续表

审计目标	可供选择的实质性程序	是否选择	索引号
ADB	（5）选取代表性样本，抽查（存在实物形态的）各类存货明细账的数量与盘点记录的数量是否一致，以确定账面存货的存在和完整性： ①从各类存货明细账中选取具有代表性的样本，与盘点报告（记录）核对； ②从盘点报告（记录）中抽取有代表性的样本，与各类存货明细账的数量核对； （6）监盘后复核监盘结果，编制存货监盘报告。		4110－5 4110－6 4110－7
ABD	3. 实施实质性分析程序： （1）基于对被审计单位及其环境的了解，通过进行以下比较，同时考虑有关数据间关系的影响，建立用于分析程序的期望值： ①按品种分析重要存货项目各月单位成本的变动趋势； ②分析重要存货项目各月份材料成本差异率的变动趋势； ③根据被审计单位现有生产能力，分析本期产量与生产能力匹配关系； ④计算本期主要产品的直接材料、直接人工、制造费用占生产成本的比例，分析本期及较上年同期的变化趋势； （2）确定可接受的差异额； （3）将实际的情况与期望值相比较，识别需要进一步调查的差异； （4）如果差异额超过可接受的差异额，调查原因，获取充分的解释和恰当的佐证审计证据（如检查相关的凭证）； （5）评估分析程序的测试结果。		略
D	4. 存货计价方法的测试： （1）检查被审计单位存货的计价方法是否符合企业会计制度的规定，前后期是否一致； （2）检查存货的入账基础和计价方法是否正确，自存货明细表中选取适量样本（按品种）： ①以实际成本计价时，将单位成本与购货发票核对，并确认存货成本中不包含增值税； ②以计划成本计价时，将单位成本与材料成本差异明细账及购货发票核对，复核入库存货的材料成本差异金额是否正确，同时关注被审计单位计划成本制订的合理性； ③检查进口存货的外币折算是否正确，检查相关的关税、增值税及消费税的会计处理是否正确； （3）检查存货发出计价的方法是否正确： ①以实际成本计价的，复核发出存货的金额计算是否正确；以计划成本计价的，复核发出存货应负担的材料成本差异是否正确； ②编制本期发出材料汇总表，与相关科目勾稽核对，并复核____月发出材料汇总表是否正确；		4110－9

续表

审计目标	可供选择的实质性程序	是否选择	索引号
D	（4）结合存货监盘，检查期末有无货到单未到情况。如有，应查明是否已暂估入账，暂估价是否合理。		4110－9
D	5. 生产成本计算的测试： （1）了解被审计单位的生产工艺流程和成本核算方法，检查成本核算方法与生产工艺流程是否匹配，前后期是否一致并作出记录； （2）抽查成本计算单，检查直接材料、直接人工及制造费用的计算和分配是否正确，并与有关佐证文件（如领料记录、生产工时记录、材料费用分配汇总表、人工费用分配汇总表等）相核对： ①获取并复核生产成本明细汇总表的正确性，将直接材料与材料耗用汇总表、直接人工与职工薪酬分配表、制造费用总额与制造费用明细表及相关账项的明细表核对，并作交叉索引； ②检查车间在产品盘存资料，与成本核算资料核对；检查车间月末余料是否办理假退料手续； ③获取直接材料、直接人工和制造费用的分配标准和计算方法，评价其是否合理和适当，以确认在产品中所含直接材料、直接人工和制造费用是合理的； （3）获取完工产品与在产品的生产成本分配标准和计算方法，检查生产成本在完工产品与在产品之间以及完工产品之间的分配是否正确，分配标准和方法是否适当，与前期比较是否存在重大变化，该变化是否合理； （4）关注废品损失和停工损失（包括季节性停工损失）的核算是否符合有关规定。		4110－12 4110－13
BA	6. 存货的截止测试： （1）借方（入库）的截止测试： ①在资产负债表日前后存货明细账借方发生额中各选取适量样本（____张、____金额以上的凭证），与入库记录（如入库单、购货发票或运输单据）核对，以确定存货入库被记录在正确的会计期间； ②在资产负债表日前后的入库记录（如入库单、购货发票或运输单据）中各选取适量样本（____张、____金额以上的凭证），与存货明细账的借方发生额进行核对，以确定存货入库被记录在正确的会计期间； ③存货成本的截止测试：在资产负债表日前后的制造费用明细账借方发生额中各选取适量样本（____天____金额以上凭证），确定有无跨期现象； （2）贷方（出库）的截止测试： ①在资产负债表日前后存货明细账的贷方发生额中各选取适量样本（____张、____金额以上的凭证），与出库记录（如出库单、销货发票或运输单据）核对，以确定存货出库被记录在正确的会计期间；		4110－3 4110－4

续表

审计目标	可供选择的实质性程序	是否选择	索引号
BA	②在资产负债表日前后的出库记录（如出库单、销货发票或运输单据）中各选取适量样本（____张、____金额以上的凭证），与存货明细账的贷方发生额进行核对，以确定存货出库被记录在正确的会计期间。		4110－3 4110－4
ACD	7. 检查材料采购或在途物资： （1）对大额材料采购或在途物资，追查至相关的购货合同及购货发票，复核采购成本的正确性，并抽查期后入库情况，必要时发函询证； （2）检查期末材料采购或在途物资，核对有关凭证，查看是否存在不属于材料采购（在途物资）核算的交易或事项； （3）检查月末转入原材料等科目的会计处理是否正确。		略
ACD	8. 检查发出商品： （1）检查发出商品有关的合同、协议和凭证，分析交易实质，检查其会计处理是否正确；必要时，向接受商品单位函证； （2）检查发出商品退回的会计处理是否正确。		4110－8
ACD	9. 委托加工物资：抽查____份委托加工业务合同，检查有关发料凭证、加工费、运费结算凭证，关注所有权归属，核对成本计算是否正确，会计处理是否正确。必要时，向受托加工单位函证。		4110－11
ABCD	10. 检查低值易耗品/包装物： （1）检查低值易耗品/包装物的转销或摊销方法是否符合企业会计制度的规定，前后期是否一致； （2）检查低值易耗品/包装物与固定资产的划分是否符合规定； （3）是否存在出租、出借包装物和收取包装物押金的情况。如有，检查相关的会计处理是否正确。		略
CE	11. 结合长短期借款等科目，了解是否存在用于债务担保的存货。如有，则应取证并作相应的记录，同时提请被审计单位恰当披露。		略
D	12. 检查存货是否存在减值迹象，确定被审计单位计提存货跌价准备是否合理： （1）将存货余额与现有的订单、资产负债表日后各期的销售额和下一年度的预测销售额进行比较，评估存货滞销和跌价的可能性； （2）比较当年及以前年度存货跌价准备占存货余额的比例，并调查异常情况的原因； （3）结合存货监盘，对存货的外观形态进行观察，了解其物理形态是否正常；检查期末结存库存商品和在产品，对于型号陈旧、产量下降、生产成本或售价波动、技术或市场需求变化的情况，结合期后销售情况考虑是否需进一步计提跌价准备。		4110－10

续表

审计目标	可供选择的实质性程序	是否选择	索引号
D	13. 检查存货可变现净值计算是否合理、计提的存货跌价准备是否适当： （1）根据成本与可变现净值孰低的计价方法，评价存货跌价准备所依据的资料、假设及计提方法，考虑是否有确凿证据为基础计算确定存货的可变现净值，检查计提存货跌价准备的合理性，关注前后期计提方法是否一致； （2）考虑不同存货可变现净值的确定原则，复核可变现净值计算的正确性（即充足但不过度）： ①对于用于生产而持有的原材料，检查是否以所生产的产成品的估计售价减去至完工时估计将要发生的成本、估计的销售费用和相关税费后的金额作为其可变现净值的确定基础； ②对于库存商品和用于出售而持有的原材料等存货，检查是否以该存货的估计售价减去估计的销售费用和相关税费后的金额作为其可变现净值的确定基础； ③对于为执行销售合同而持有的库存商品等存货，检查是否以合同价格作为可变现净值的确定基础；如果被审计单位持有库存商品的数量多于销售合同订购数量，超出部分的库存商品可变现净值是否以一般销售价格作为可变现净值的确定基础； （3）抽查计提存货跌价准备的项目，其资产负债表日后售价是否低于账面价值。		4110－10
	14. 针对评估的舞弊风险等因素增加的审计程序。例如： （1）在不预先通知被审计单位的情况下，突击监盘或抽查存货，必要时，利用专家的工作； ……		略
E	15. 检查存货是否按照企业会计制度的规定恰当列报。		

存货审定表

被审计单位：	索引号：4110－1
项目：	截止日：
编制：	复核：
日期：	日期：

存货项目	期末未审数	账项调整		重分类调整		期末审定数	上期末审定数	索引号
		借方	贷方	借方	贷方			
存货账面余额								
原材料								
库存商品								
在产品								
……								
合　计								
存货跌价准备								
原材料								
库存商品								
在产品								
……								
合　计								
存货账面价值								
原材料								
库存商品								
在产品								
……								
合　计								

审计结论：

主要存货（　　）明细表

被审计单位：________	索引号：4110－2
项目：________	截止日：________
编制：________	复核：________
日期：________	日期：________

类别	名称及规格	计量单位	数量	单价	金额	备注

编制说明：本表是对审定表中“期末未审数”栏按数量金额格式的进一步列示。

审计说明：

存货借方（入库）截止测试

被审计单位：	索引号：4110－3
项目：	截止日：
编制：	复核：
日期：	日期：

一、从存货明细账的借方发生额中抽取样本与入库记录核对，以确定存货入库被记录在正确的会计期间

序号	摘要	明细账凭证			入库单（或购货发票）			是否跨期
		编号	日期	金额	编号	日期	金额	
截止日前								
截止日期：20×8年×月×日								
截止日后								

二、从存货入库记录中抽取样本与明细账的借方发生额核对，以确定存货入库被记录在正确的会计期间

序号	摘要	入库单（或购货发票）			明细账凭证			是否跨期
		编号	日期	金额	编号	日期	金额	
截止日前								
截止日期：20×8年×月×日								
截止日后								

编制说明：本表适用于材料采购/在途物资、原材料、在产品、库存商品等。

审计说明：

存货贷方（出库）截止测试

被审计单位：________	索引号：4110－4
项目：________	截止日：________
编制：________	复核：________
日期：________	日期：________

一、从存货明细账的贷方发生额中抽取样本与出库记录核对，以确定存货出库被记录在正确的会计期间

序号	摘要	明细账凭证			出库单（或销售发票）			是否跨期
		编号	日期	金额	编号	日期	金额	
截止日前								
截止日期：20×8年×月×日								
截止日后								

二、从存货出库记录中抽取样本与明细账的贷方发生额核对，以确定存货出库被记录在正确的会计期间

序号	摘要	出库单（或销售发票）			明细账凭证			是否跨期
		编号	日期	金额	编号	日期	金额	
截止日前								
截止日期：20×8年×月×日								
截止日后								

编制说明：本表适用于材料采购/在途物资、原材料、在产品等。

审计说明：

存货监盘结果汇总表

被审计单位：________	索引号：4110－5
项目：________	截止日：________
编制：________	复核：________
日期：________	日期：________

存货类别	存货名称	单位	监盘数量	未经确认盘点报告数量	差异数量	差异原因	索引号	盘点报告数量

监盘人员签名________

____

____

____

编制说明：本表适用于监盘日为财务报表截止日的情况。

审计说明：

存货明细账与盘点报告（记录）核对表

（适用于监盘日为资产负债表日）

被审计单位：		索引号：	4110－6
项目：		截止日：	
编制：		复核：	
日期：		日期：	

一、从明细账中选取具有代表性的样本将明细账上的存货数量与经确认盘点报告的数量核对：

序号	地点	样本描述		期末存货明细账记录			获取的被审计单位的存货清单		经确认的期末存货盘点表	数量差异④＝①－②或②－③	差异分析及处理
		存货类别	存货型号	单价	数量①	金额	数量②	索引号	数量③		

二、从经确认的盘点报告中抽取有代表性的样本将盘点报告的数量与存货明细账核对：

序号	地点	样本描述		索引号	经确认的期末存货盘点表	期末存货明细账记录			被审计单位提供的存货清单的数量③	数量差异④＝①－②或①－③	差异分析及处理
		存货类别	存货型号		数量①	单价	数量	金额②			

审计说明：

存货抽盘核对表

（适用于监盘日不是资产负债表日）

被审计单位：	索引号：　4110－7
项目：	截止日：
编制：	复核：
日期：	日期：

一、资产负债表日前抽盘核对表

序号	品名及规格	单位	抽盘日实存数量	加：抽盘日至资产负债表日入库数量	减：抽盘日至资产负债表日发出数量	资产负债表日实存数量	资产负债表日账面数量	差异	原因分析

二、资产负债表日后抽盘核对表

序号	品名及规格	单位	抽盘日实存数量	加：资产负债表日至抽盘日发出数量	减：资产负债表日至抽盘日入库数量	资产负债表日实存数量	资产负债表日账面数量	差异	原因分析

审计说明：

索引号：4110－8

询证函

（适用于委托代管存货、发出商品）

××公司：

本公司聘请的××会计师事务所正在对本公司20×8年度财务报表进行审计。按照中国注册会计师审计准则的要求应当询证截至20×8年×月×日由贵公司持有，代本公司加工、销售或保管的存货的详细资料。下列数据出自本公司账簿记录，如与贵公司记录相符，请在本函下端“信息证明无误”处签章证明；如有不符，请在“信息不符，请列明不符项目及具体内容”处列明不符情况。回函请直接寄至××会计师事务所。

回函地址：　　　　　　　　　　　　邮编：
电话：　　　　　　传真：　　　　　联系人：

截至20×8年×月×日由贵公司持有，代本公司加工、销售或保管的存货列示如下：

类　别	品　名	数　量	是否有留置权	状　况	备　注
1. 代加工存货					
2. 代销售存货					
3. 代保管存货					

本函仅为复核账目之用，请及时函复为盼。

（被审计单位盖章）
二〇×九年×月×日

------------以下仅供被询证单位使用------------

结论：

1. 信息证明无误。	2. 信息不符，请列明不符项目及具体内容。
（被询证单位盖章） 年　月　日 经办人：	（被询证单位盖章） 年　月　日 经办人：

存货计价测试表

被审计单位：	**索引号：** 4110－9
项目：	**截止日：**
编制：	**复核：**
日期：	**日期：**

品名及规格：

月份	增加			减少（计价方法：___）			结存		
	数量	单价	金额	数量	单价	金额	数量	单价	金额
期初数									
1月									
2月									
3月									
4月									
5月									
6月									
7月									
8月									
9月									
10月									
11月									
12月									
合计									

注：本表适用于原材料、库存商品、发出商品等。

审计说明：

存货跌价准备测试表

被审计单位：		索引号：	4110－10
项目：		截止日：	
编制：		复核：	
日期：		日期：	

存货项目	存货账面金额 ①	可变现净值 ②	应计提跌价准备 （①＞②）③＝①－②	存货跌价准备 账面金额 ④	应补提 存货跌价准备 ⑤＝③－④
合　计					

审计说明：

委托加工物资检查表

被审计单位： ____________________ **索引号：** 4110－11

项目： ____________________ **截止日：** ____________________

编制： ____________________ **复核：** ____________________

日期： ____________________ **日期：** ____________________

加工单位名称	合同或协议号	发出时间	发出材料成本	加工费	收回材料成本	未收回原因及是否需函证	索引号

审计说明：

________产品生产成本计算测试表

被审计单位：__________	索引号：4110 - 12
项目：__________	截止日：__________
编制：__________	复核：__________
日期：__________	日期：__________

月　份	投产数量（单位：　）	成本项目				完工转出(结转方法：__)			在产品余额
		直接材料	直接人工	制造费用	合计	数量	单位成本	总成本	
期初余额									
1 月									
2 月									
3 月									
4 月									
5 月									
6 月									
7 月									
8 月									
9 月									
10 月									
11 月									
12 月									
生产成本合计									
占总成本比例					100%	——	——	——	——
上年同期发生额									
增减比例									

审计说明：

制造费用明细表

被审计单位：	索引号：4110－13
项目：	截止日：
编制：	复核：
日期：	日期：

月 份	制造费用明细项目										
	合计										
1月											
2月											
3月											
4月											
5月											
6月											
7月											
8月											
9月											
10月											
11月											
12月											
合计											
上年同期											
变动额											
变动比例											

审计说明：

11. 待摊费用

待摊费用实质性程序

被审计单位：________	索引号：4111
项目：________	截止日：________
编制：________	复核：________
日期：________	日期：________

一、需从实质性程序获取的保证程度

项　　目	财务报表认定				
	存　在	完整性	权利和义务	计价和分摊	列　报
1. 审计目标	A	B	C	D	E
2. 需从实质性程序获取的保证程度					

注：根据财务报表项目的重要性、评估的各认定的重大错报风险以及控制测试（如有）的结果填写。

二、实质性程序

审计目标	可供选择的实质性程序	是否选择	索引号
D	1. 获取或编制待摊费用明细表，复核加计是否正确，并与总账数和明细账合计数核对是否相符，结合“长期待摊费用”中将于一年内（含一年）摊销的金额与报表数核对是否相符。		4111－2
ABCD	2. 本期增加的待摊费用，选取适量的样本，追查至原始凭证，查阅有关合同、协议等资料，确定是否真实发生，检查会计处理是否正确。		略
D	3. 检查待摊费用摊销政策是否符合企业会计制度的规定： （1）复核待摊费用受益期的有关文件、资料，确认待摊费用受益期及其摊销额方法是否合理； （2）复核本期待摊费用的摊销金额计算是否正确； （3）检查前后期摊销方法是否保持一致，是否存在随意调节利润的情况。		略
D	4. 检查有无不属于待摊费用性质的项目，有无超过 1 年尚未结清的待摊费用。如有，应查明原因，必要时提请被审计单位作适当调整。		略

续表

审计目标	可供选择的实质性程序	是否选择	索引号
D	5. 检查被审计单位是否将预期不能为其带来经济利益的待摊费用项目的余额予以转销。		略
	6. 针对评估的舞弊风险等因素增加的审计程序。		略
E	7. 检查待摊费用是否按照企业会计制度的规定恰当列报。		略

待摊费用审定表

被审计单位：______	索引号：4111－1
项目：______	截止日：______
编制：______	复核：______
日期：______	日期：______

项目名称	期末未审数	账项调整		重分类调整		期末审定数	上期末审定数	索引号
		借方	贷方	借方	贷方			

审计结论：

待摊费用明细表

被审计单位：________ 索引号：4111－2

项目：________ 截止日：________

编制：________ 复核：________

日期：________ 日期：________

项目名称	发生时间	原始金额	受益期间	期初余额	本期增加	本期减少	期末余额	剩余摊销期（月）	备注
合　　计									

审计说明：

12. 长期股权投资

长期股权投资实质性程序

被审计单位：＿＿＿＿＿＿	索引号：　4112
项目：＿＿＿＿＿＿	截止日：＿＿＿＿＿＿
编制：＿＿＿＿＿＿	复核：＿＿＿＿＿＿
日期：＿＿＿＿＿＿	日期：＿＿＿＿＿＿

一、需从实质性程序获取的保证程度

项　　目	财务报表认定				
	存　在	完整性	权利和义务	计价和分摊	列　报
1. 审计目标	A	B	C	D	E
2. 需从实质性程序获取的保证程度					

注：根据财务报表项目的重要性、评估的各认定的重大错报风险以及控制测试（如有）的结果填写。

二、实质性程序

审计目标	可供选择的实质性程序	是否选择	索引号
D	1. 获取或编制长期股权投资明细表，复核加计是否正确，并与总账数和明细账合计数核对是否相符；结合长期投资减值准备科目与报表数核对是否相符。		4112－2
AC	2. 检查本期增加长期股权投资是否存在，是否归被审计单位所有，分类和计价方法是否符合企业会计制度的规定，期末余额是否正确（首次接受委托的，应针对期初余额实施相应程序）： （1）检查有关合同和文件，确认长期股权投资的股权比例和时间；取得被投资单位的章程、营业执照、组织机构代码证等资料。必要时，应向被投资单位函证被投资单位的投资额、持股比例及发放股利情况； （2）检查长期股权投资的核算是否符合按企业会计制度的规定。		略
D	3. 对于应采用权益法核算的长期股权投资，获取被投资单位已经审计的年度财务报表；如果财务报表未经审计，应对被投资单位的财务报表实施适当的审计或审阅程序；检查股权投资差额的计算与会计处理是否正确。		略

续表

审计目标	可供选择的实质性程序	是否选择	索引号
D	4. 对于采用成本法核算的长期股权投资，检查股利分配的原始凭证及分配决议等资料，确定会计处理是否正确。		略
ABD	5. 检查本期减少的长期股权投资，追查至原始凭证，确认长期股权投资的处理是否存在合理的理由及授权批准手续，会计处理是否正确。		略
D	6. 检查将长期股权投资转为短期投资时，会计处理是否正确。		略
D	7. 期末对长期股权投资进行逐项检查，复核被审计单位估计的各项长期股权投资的可收回金额，以确定其是否已经发生减值。		略
CE	8. 结合银行借款等的检查，了解长期股权投资是否存在质押等担保情况。如有，应详细记录，并提请被审计单位进行充分披露。		略
CE	9. 与被审计单位讨论确定是否存在被投资单位由于所在国家和地区及其他方面的影响，其向被审计单位转移资金的能力受到限制的情况。如存在，应详细记录受限情况，并提请被审计单位充分披露。		略
	10. 针对评估的舞弊风险等因素增加的审计程序。		略
E	11. 检查长期股权投资是否按照企业会计制度的规定恰当列报。		略

长期股权投资审定表

被审计单位：	索引号：4112－1
项目：	截止日：
编制：	复核：
日期：	日期：

长期股权投资类别	期末未审数	账项调整		重分类调整		期末审定数	上期末审定数	索引号
		借方	贷方	借方	贷方			
对子公司的投资								
对合营企业的投资								
对联营企业的投资								
对其他企业的投资								
……								
合　　计								

审计结论：

长期股权投资明细表

被审计单位：	索引号：4112－2
项目：	截止日：
编制：	复核：
日期：	日期：

被投资单位名称	持股比例	投资时间	投资方式	初始投资成本	期初余额	本期增加	本期减少	期末余额	核算方法	投资文件索引号	备注
合　　计											

编制说明：

1. 投资方式指现金出资、发行权益性证券、投资者投入、非货币性交易、债务重组、企业合并等；
2. 投资文件指产权登记表、投资协议、出资证明、验资报告等；
3. 备注可填写本年新增加、处置投资是否有授权批准或其他说明事项。

审计说明：

13. 长期债权投资

长期债权投资实质性程序

被审计单位：______	索引号：4113
项目：______	截止日：______
编制：______	复核：______
日期：______	日期：______

一、需从实质性程序获取的保证程度

项　　目	财务报表认定				
	存　在	完整性	权利和义务	计价和分摊	列　报
1. 审计目标	A	B	C	D	E
2. 需从实质性程序获取的保证程度					

注：根据财务报表项目的重要性、评估的各认定的重大错报风险以及控制测试（如有）的结果填写。

二、实质性程序

审计目标	可供选择的实质性程序	是否选择	索引号
D	1. 获取或编制长期债权投资明细表，复核加计是否正确，并与总账数和明细账合计数核对是否相符；结合长期投资减值准备科目与报表数核对是否相符。		4113－2
ADC	2. 检查本期增加长期债权投资是否存在，是否归被审计单位所有，分类和计价方法是否符合企业会计制度的规定，期末余额是否正确（首次接受委托的，应针对期初余额实施相应程序）： （1）查阅与长期债权投资有关的合同和文件，核实投资名称、数量、票面价值、票面利率等内容，检查会计处理是否正确。必要时，应向被投资单位函证投资额、回报率（利率）及发放利息等情况； （2）检查长期债券投资的溢价或折价，是否按照有关规定摊销转账； （3）检查应计利息的计算和会计处理是否正确入账。		略
ABD	3. 检查本期减少的长期债权投资，追查至原始凭证，确认长期债权投资的处理是否存在合理的理由及授权批准手续，会计处理是否正确。		略
D	4. 检查长期债权投资转为短期投资时，会计处理是否正确。		略

续表

审计目标	可供选择的实质性程序	是否选择	索引号
CE	5. 结合银行借款等的检查，了解长期债权投资是否存在质押等担保情况。如有，应详细记录，并提请被审计单位进行充分披露。		略
D	6. 期末对长期债权投资进行逐项检查，复核被审计单位估计的各项长期债权投资的可收回金额，以确定其是否已经发生减值。		略
	7. 针对评估的舞弊风险等因素增加的审计程序。		略
E	8. 检查长期债权投资是否按照企业会计制度的规定恰当列报。		略

长期债权投资审定表

被审计单位：	索引号：4113－1
项目：	截止日：
编制：	复核：
日期：	日期：

项　目	期末未审数	账项调整		重分类调整		期末审定数	上期末审定数	索引号
		借方	贷方	借方	贷方			
合　计								

审计结论：

长期债权投资明细表

被审计单位：	索引号：4113－2
项目：	截止日：
编制：	复核：
日期：	日期：

项　　目	到期日	票面利率	期初余额	本期增加	本期减少	期末余额	备　　注
合　　计							

审计说明：

长期债权投资——债券投资余额测算表

被审计单位：______	索引号：4113－3
项目：______	截止日：______
编制：______	复核：______
日期：______	日期：______

项目名称	到期日	票面利率	期初余额			本期增加			本期减少			期末余额			备注
			本金（面值）	溢（折）价	应计利息	本金（面值）	溢（折）价	应计利息	本金（面值）	溢（折）价摊销	应计利息	本金（面值）	溢（折）价	应计利息	

审计说明：

14. 固定资产

固定资产实质性程序

被审计单位：________	索引号：4114
项目：________	截止日：________
编制：________	复核：________
日期：________	日期：________

一、需从实质性程序获取的保证程度

项　　目	财务报表认定				
	存　在	完整性	权利和义务	计价和分摊	列　报
1. 审计目标	A	B	C	D	E
2. 需从实质性程序获取的保证程度					

注：根据财务报表项目的重要性、评估的各认定的重大错报风险以及控制测试（如有）的结果填写。

二、实质性程序

审计目标	可供选择的实质性程序	是否选择	索引号
D	1. 获取或编制固定资产（包括累计折旧及减值准备）明细表，复核加计是否正确，与报表数、总账数和明细账合计数核对是否相符。		4114－2
ABD	2. 实施固定资产监盘程序： （1）在本期新增的固定资产中，选择适量的项目，实地观察和检查固定资产（如为首次接受委托，应针对期初固定资产实施相应程序），确定其是否存在，记录当前实际使用状况； （2）观察是否存在已报废但仍未核销的固定资产； （3）观察是否存在封存或闲置的固定资产； （4）检查是否存在尚未入账的固定资产。		4114－3
C	3. 检查固定资产的所有权或控制权，是否归被审计单位所有，并关注是否存在“他项权”： （1）对外购的机器设备等固定资产，审核采购发票、采购合同等； （2）对于房地产类固定资产，查阅权属证书、合同、财产税单、抵押借款的还款凭据、保险单等书面文件；		略

续表

审计目标	可供选择的实质性程序	是否选择	索引号
C	（3）对融资租入的固定资产，检查融资租赁合同； （4）对汽车等运输设备，检查有关运营证件等； （5）结合银行借款等有关负债项目的检查，了解固定资产是否存在抵押等担保情况。		略
D	4. 检查本期增加的固定资产的入账价值： （1）检查本期增加固定资产的计价（初始计量）是否正确，手续是否齐备，会计处理是否正确； （2）固定资产有关的后续支出是否满足资产确认条件；如不满足，检查该支出是否在后续支出发生时计入当期损益； （3）结合借款等负债项目的审计，检查计入固定资产的借款费用资本化金额。		4114－4
ABD	5. 检查本期减少的固定资产： （1）结合固定资产清理科目，检查固定资产账面转销额是否正确，原计提的减值准备是否同时结转，会计处理是否正确； （2）检查出售、盘亏、转让、报废或毁损的固定资产是否经授权批准，会计处理是否正确； （3）检查投资转出固定资产的会计处理是否正确； （4）检查债务重组或非货币性交易转出固定资产的会计处理是否正确； （5）检查其他减少固定资产的会计处理是否正确。		4114－5
ADC	6. 获取经营性租出和融资租入固定资产的相关证明文件，并结合租金收入、融资租入固定资产分期付款检查相关科目的会计处理是否正确。		4114－6
ED	7. 检查购置固定资产时是否存在与资本性支出有关的财务承诺。		略
D	8. 检查固定资产的折旧： （1）检查被审计单位的折旧政策和方法是否符合企业会计制度的规定，前后期是否一致；预计使用寿命和预计净残值的确定是否合理、本期是否变更，变更是否符合企业会计制度的规定； （2）将被审计单位账面计提折旧额与上年同期金额、测算折旧额进行比较，根据可接受的差异额分析评估测试结果； （3）重新计算各类固定资产本期应计提的折旧额； （4）检查折旧费用的分配方法是否合理，与上期是否一致；分配计入各项目的金额占本期全部折旧计提额的比例与上期比较是否有重大差异；将本期计提折旧额与成本费用中折旧费金额进行核对； （5）关注固定资产增减变动时，相应的累计折旧账户的会计处理是否符合规定。		4114－7

续表

审计目标	可供选择的实质性程序	是否选择	索引号
D	9. 检查固定资产是否存在减值迹象，如果存在减值迹象，复核被审计单位估计的可收回金额，以确定固定资产是否已经发生减值： （1）与被审计单位管理层讨论，固定资产是否存在可能发生减值的迹象； （2）复核被审计单位估计的可收回金额，计提固定资产减值准备的依据是否充分，会计处理是否正确。		
	10. 针对评估的舞弊风险等因素增加的审计程序。		略
E	11. 检查固定资产是否按照企业会计制度的规定恰当列报。		略

固定资产审定表

被审计单位：	**索引号：** 4114－1
项目：	**截止日：**
编制：	**复核：**
日期：	**日期：**

项目名称	期末未审数	账项调整		重分类调整		期末审定数	上期末审定数	索引号
		借方	贷方	借方	贷方			
一、固定资产原价合计								
其中：房屋、建筑物								
机器设备								
运输工具								
……								
二、累计折旧合计								
其中：房屋、建筑物								
机器设备								
运输工具								
……								
三、固定资产减值准备合计								
其中：房屋、建筑物								
机器设备								
运输工具								
……								
四、固定资产账面净额合计								
其中：房屋、建筑物								
机器设备								
运输工具								
……								

审计结论：

固定资产明细表

被审计单位：________	索引号：4114－2
项目：________	截止日：________
编制：________	复核：________
日期：________	日期：________

项目名称	期初余额	本期增加	本期减少	期末余额	备　　注
一、固定资产原价合计					
其中：房屋、建筑物					
机器设备					
运输工具					
……					
二、累计折旧合计					
其中：房屋、建筑物					
机器设备					
运输工具					
……					
三、固定资产减值准备合计					
其中：房屋、建筑物					
机器设备					
运输工具					
……					
四、固定资产账面净额合计					
其中：房屋、建筑物					
机器设备					
运输工具					
……					

审计说明：

固定资产监盘检查情况表

被审计单位：	索引号：4114－3
项目：	截止日：
编制：	复核：
日期：	日期：

资产编号	资产名称	规格型号	计量单位	单价	账面结存		被审计单位盘点			实际检查			备注
					数量	金额	数量	金额	盈亏（+、－）	数量	金额	盈亏（+、－）	

检查时间：　　　　检查地点：　　　　检查人：　　　　盘点检查比例：

审计说明：

固定资产增加检查表

被审计单位：______　　索引号：4114－4

项目：______　　截止日：______

编制：______　　复核：______

日期：______　　日期：______

固定资产名称	取得日期	取得方式	固定资产类别	增加情况		凭证号	核对内容（用“√”、“×”表示）							
				数量	原价		①	②	③	④	⑤	⑥	⑦	⑧
核对内容说明：①与发票是否一致；②与付款单据是否一致；③与购买/建造合同是否一致；④与验收报告或评估报告等是否一致；⑤审批手续是否齐全；⑥与在建工程转出数核对是否一致；⑦会计处理是否正确（入账日期和入账金额）；……														

审计说明：

固定资产减少检查表

被审计单位：	索引号：4114－5
项目：	截止日：
编制：	复核：
日期：	日期：

固定资产名称	处置日期	处置方式	固定资产原价	累计折旧	减值准备	账面净额	处置费用	处置收入	收益（损失）	索引号	核对内容（用“√”、“×”表示）				
											①	②	③	④	⑤
核对内容说明：①与收款单据是否一致；②与合同是否一致；③审批手续是否完整；④会计处理是否正确；……															

审计说明：

索引号：4114－6

租赁询证函

××公司：

本公司聘请的××会计师事务所正在对本公司20×8年度财务报表进行审计，按照中国注册会计师审计准则的要求，应当询证本公司与贵公司的固定资产租赁情况。请根据×年×月×日签订的有关租入贵公司［租赁资产名称］租赁协议向××会计师事务所确认以下事项，回函请直接寄至××会计师事务所。

通信地址：

邮编：　　　　　　电话：　　　　　　传真：　　　　　　联系人：

一、租赁合同（协议）信息

1. 租赁期开始日与到期日：从　　　　　到
2. 月付租金额：
3. 租赁保证金数额：
4. 如有续租选择权，请列示：
   （1）续租期间：从　　　　　到
   （2）续租月付租金额：
5. 如有购买租赁资产的选择权，请列示：
   （1）购买价：
   （2）行使该选择权的有效期间：从　　　　　到
   （3）月付租金额占购买价的百分比：

二、与租赁相关的信息

请贵公司提供如下与租赁相关的信息：

1. 若上述租赁协议已修改部分条款或签订补充协议，请注明相应日期及条款：
2. 尚未支付金额：
3. 尚未支付原因：
4. 上述询证事项尚未涉及的负债和或有事项：

（被审计单位盖章）
二〇×九年×月×日

结论：

1. 信息证明无误。 （被询证单位盖章） 年　月　日 经办人：	2. 信息不符，请列明不符项目及具体内容。 （被询证单位盖章） 年　月　日 经办人：

折旧计算检查表

被审计单位：	索引号：4114－7
项目：	截止日：
编制：	复核：
日期：	日期：

固定资产	取得时间	使用年限	固定资产原值	残值率	折旧方法	累计折旧期初余额	减值准备期初余额	本期应提折旧	本期已提折旧	差异

审计说明：

15. 工程物资

工程物资实质性程序

被审计单位：	索引号：4115
项目：	截止日：
编制：	复核：
日期：	日期：

一、需从实质性程序获取的保证程度

项　目	财务报表认定				
	存　在	完整性	权利和义务	计价和分摊	列　报
1. 审计目标	A	B	C	D	E
2. 需从实质性程序获取的保证程度					

注：根据财务报表项目的重要性、评估的各认定的重大错报风险以及控制测试（如有）的结果填写。

二、实质性程序

审计目标	可供选择的实质性程序	是否选择	索引号
D	1. 获取或编制工程物资明细表，复核加计是否正确，并与报表数、总账数和明细账合计数核对是否相符。		4115－2
ADB	2. 实施工程物资监盘程序，确定其是否存在，并观察是否有积压物资。		略
ACD	3. 对于本期增加的预付大型设备款，检查是否签订合同、付款是否经过审批，是否按合同规定执行，必要时向供应商函证。		略
BD	4. 抽查若干工程物资采购合同、发票、货物验收单等原始资料，追查至账簿记录，检查会计处理是否正确。		略
D	5. 检查工程完工后剩余的工程物资在转入存货时，是否将其所含的增值税进项税额进行分离。		略
	6. 针对评估的舞弊风险等因素增加的审计程序。		略
E	7. 检查工程物资是否按照企业会计制度的规定恰当列报。		略

工程物资审定表

被审计单位： ____________________　　**索引号：** 4115－1

项目： ____________________　　**截止日：** ____________________

编制： ____________________　　**复核：** ____________________

日期： ____________________　　**日期：** ____________________

项目名称	期末未审数	账项调整		重分类调整		期末审定数	上期末审定数	索引号
		借方	贷方	借方	贷方			

审计结论：

工程物资明细表

被审计单位：	索引号：4115－2
项目：	截止日：
编制：	复核：
日期：	日期：

项　　目	名称及规格	计量单位	数量	单价	期末余额	减值准备	账面价值	备　　注

审计说明：

16. 在建工程

在建工程实质性程序

被审计单位：________	索引号：4116
项目：________	截止日：________
编制：________	复核：________
日期：________	日期：________

一、需从实质性程序获取的保证程度

项　　目	财务报表认定				
	存　在	完整性	权利和义务	计价和分摊	列　报
1. 审计目标	A	B	C	D	E
2. 需从实质性程序获取的保证程度					

注：根据财务报表项目的重要性、评估的各认定的重大错报风险以及控制测试（如有）的结果填写。

二、实质性程序

审计目标	可供选择的实质性程序	是否选择	索引号
D	1. 获取或编制在建工程明细表，复核加计是否正确，并与总账数和明细账合计数核对是否相符，结合在建工程减值准备科目和报表数核对是否相符。		4116－2
ABD	2. 检查本期增加的在建工程： （1）询问管理层在建工程本期增加情况，并与在建工程明细表核对； （2）查阅资本支出预算、相关会议决议等，检查本期增加的在建工程是否全部得到记录； （3）检查本期增加在建工程的原始凭证是否完整，如立项申请、工程借款合同、施工合同、发票、工程物资请购申请、付款单据、运单、验收报告等是否完整，计价是否正确。		4116－3
AB	3. 检查本期减少的在建工程： （1）了解在建工程结转固定资产的政策，并结合固定资产审计，检查在建工程转销额是否正确，是否存在将已交付使用的固定资产挂列在建工程而少计折旧的情形； （2）检查在建工程其他减少的情况，入账依据是否齐全，会计处理是否正确。		4116－4

续表

审计目标	可供选择的实质性程序	是否选择	索引号
D	4. 检查借款费用资本化是否正确。复核资本化的借款费用、资本化率、实际支出数以及资本化的开始、暂停和停止时间。		略
A	5. 实施在建工程监盘程序，关注在建项目的进度。		略
D	6. 检查在建工程减值准备，关注停建工程： （1）检查在建工程是否出现减值情形，是否应计提减值准备； （2）复核被审计单位测算的可收回金额的依据和方法。		略
	7. 针对评估的舞弊风险等因素增加的审计程序。		略
E	8. 检查在建工程是否按照企业会计制度的规定恰当列报。		略

在建工程审定表

被审计单位：________________　索引号：　4116－1
项目：________________　截止日：________________
编制：________________　复核：________________
日期：________________　日期：________________

项　目	期末未审数	账项调整		重分类调整		期末审定数	上期末审定数	索引号
		借方	贷方	借方	贷方			
一、在建工程账面余额								
1.								
……								
合　计								
二、在建工程减值准备								
1.								
……								
合　计								
三、在建工程账面价值								
1.								
……								
合　计								

审计结论：

在建工程明细表

被审计单位：________ 索引号：4116－2

项目：________ 截止日：________

编制：________ 复核：________

日期：________ 日期：________

工程项目名称	预算数	工程进度	完工日期	批准文号	资金来源	期初余额		本期增加		本期转入固定资产		其他减少		期末余额		期末减值准备	期末账面价值
						金额	其中：借款费用资本化金额	金额	其中：借款费用资本化金额	金额	其中：借款费用资本化金额	金额	其中：借款费用资本化金额	金额	其中：借款费用资本化金额		
合计																	

审计说明：

在建工程增加检查表

被审计单位：	索引号：4116－3
项目：	截止日：
编制：	复核：
日期：	日期：

工程项目名称	记账日期	凭证编号	业务内容	本期增加金额	核对内容（用“√”、“×”表示）					
					①	②	③	④	⑤	⑥

核对内容说明：①是否与立项文件一致；②与施工合同是否一致；③与发票是否一致；④工程进度与监理报告是否一致；⑤与资本支出预算是否一致；……

审计说明：

在建工程减少检查表

被审计单位：		索引号：	4116－4
项目：		截止日：	
编制：		复核：	
日期：		日期：	

工程项目名称	记账日期	凭证编号	业务内容	本期减少				核对内容（用“√”、“×”表示）				
				账面余额	减值准备	账面价值	其中：借款费用资本化金额	①	②	③	④	⑤

核对内容说明：①与验收交接单核对一致；②结转固定资产时点正确；③与竣工有关文件核对一致；④会计处理正确；……

审计说明：

17. 固定资产清理

固定资产清理实质性程序

被审计单位：	索引号：4117
项目：	截止日：
编制：	复核：
日期：	日期：

一、需从实质性程序获取的保证程度

项　　目	财务报表认定				
	存　在	完整性	权利和义务	计价和分摊	列　报
1. 审计目标	A	B	C	D	E
2. 需从实质性程序获取的保证程度					

注：根据财务报表项目的重要性、评估的各认定的重大错报风险以及控制测试（如有）的结果填写。

二、实质性程序

审计目标	可供选择的实质性程序	是否选择	索引号
D	1. 获取或编制固定资产清理明细表，复核加计是否正确，并与报表数、总账数和明细账合计数核对是否相符。		4117－2
ACD	2. 检查固定资产清理的发生是否有正当理由，是否经有关技术部门鉴定，固定资产清理的发生和转销是否经授权批准，相应的会计处理是否正确： （1）结合固定资产等账项的审计，检查本期处置的固定资产原价、累计折旧和减值准备等账面转入额是否正确； （2）检查固定资产清理收入和清理费用的发生是否真实，清理净损益的计算是否正确，会计处理是否正确。		略
ABCD	3. 因非货币性交易、债务重组等原因转出产生固定资产清理的，检查相关的合同协议以及股东会或董事会的决议，确定合同或协议约定的价值是否公允，检查其会计处理是否正确。		略
AD	4. 关注固定资产清理是否存在长期挂账的情况。如有，在底稿中作出记录，必要时，提请被审计单位调整。		略

续表

审计目标	可供选择的实质性程序	是否选择	索引号
	5. 针对评估的舞弊风险等因素增加的审计程序。		略
E	6. 检查固定资产清理是否按照企业会计制度的规定恰当列报。		略

固定资产清理审定表

被审计单位：________	索引号：4117－1
项目：________	截止日：________
编制：________	复核：________
日期：________	日期：________

项目名称	期末未审数	账项调整		重分类调整		期末审定数	上期末审定数
		借方	贷方	借方	贷方		
合　计							

审计结论：

固定资产清理明细表

被审计单位：______	索引号：4117－2
项目：______	截止日：______
编制：______	复核：______
日期：______	日期：______

项目名称	清理原因	批准人	固定资产				清理费用⑤	清理收入⑥	期末余额⑦=④+⑤-⑥	备注
			原值①	已提折旧②	减值准备③	净值④=①-②-③				

审计说明：

18. 无形资产

无形资产实质性程序

被审计单位：	索引号：4118
项目：	截止日：
编制：	复核：
日期：	日期：

一、需从实质性程序获取的保证程度

项　　目	财务报表认定				
	存　在	完整性	权利和义务	计价和分摊	列　报
1. 审计目标	A	B	C	D	E
2. 需从实质性程序获取的保证程度					

注：根据财务报表项目的重要性、评估的各认定的重大错报风险以及控制测试（如有）的结果填写。

二、实质性程序

审计目标	可供选择的实质性程序	是否选择	索引号
D	1. 获取或编制无形资产明细表，复核加计是否正确，并与总账数和明细账合计数核对是否相符；结合无形资产减值准备科目与报表数核对是否相符。		4118－2
ACB	2. 检查无形资产的权属证书原件、非专利技术的持有和保密状况等，并获取有关协议和董事会纪要等文件、资料，检查无形资产的性质、构成内容、计价依据、使用状况和受益期限，确定无形资产是否存在，是否由被审计单位拥有或控制。		略
ACD	3. 检查本期增加的无形资产： （1）对投资者投入的无形资产，检查是否符合有关规定，并经过适当的审查批准，无形资产的价值是否分别与验资报告及资产评估结果确认书或合同协议等证明文件一致，会计处理是否正确； （2）对自行研发取得、购入或接受捐赠的无形资产，检查原始凭证，确认计价是否正确，法律程序是否完备（如依法登记、注册及变更登记的批准文件和有效期），会计处理是否正确； （3）对债务重组或非货币性交易取得的无形资产，检查有关协议等资料，确认计价和会计处理是否正确； （4）检查本期购入土地使用权相关税费的计算清缴情况，与购入土地使用权相关的会计处理是否正确。		略

续表

审计目标	可供选择的实质性程序	是否选择	索引号
D	4. 检查无形资产的后续支出是否合理，会计处理是否正确。		略
ABD	5. 检查本期减少的无形资产： （1）取得无形资产处置的相关合同、协议，检查其会计处理是否正确； （2）检查房地产开发企业取得的土地用于建造对外出售的房屋建筑物，相关的土地使用权是否转入所建造房屋建筑物的成本。在土地上自行开发建造厂房等建筑物的，土地使用权和地上建筑物是否分别进行摊销和计提折旧。		略
D	6. 检查被审计单位确定无形资产使用寿命的依据，分析其合理性。		略
D	7. 检查无形资产预计是否能为被审计单位带来经济利益。如否，检查是否将其账面价值予以转销，计入当期管理费用。		略
D	8. 检查无形资产的摊销金额是否正确： （1）检查无形资产各项目的摊销政策是否符合有关规定，是否与上期一致，如果被审计单位改变摊销政策，检查依据是否充分； （2）复核本期摊销金额计算是否正确，会计处理是否正确，与相关科目核对是否相符。		4118－3
CE	9. 结合长、短期借款等负债项目的审计，了解是否存在用于债务担保的无形资产。如有，应提请被审计单位作恰当披露。		略
D	10. 检查无形资产减值准备计提是否合理： （1）复核被审计单位期末是否对无形资产账面价值进行检查，以确定是否需计提或转销减值准备。如是，检查无形资产减值准备计提或转销的批准程序，取得书面报告等证明文件； （2）检查被审计单位计提无形资产减值准备的依据是否充分，会计处理是否正确； （3）检查无形资产转让时，相应的减值准备是否一并结转，会计处理是否正确。		略
	11. 针对评估的舞弊风险等因素增加的审计程序。		略
E	12. 检查无形资产是否按照企业会计制度的规定恰当列报。		略

无形资产审定表

被审计单位：	**索引号：** 4118－1
项目：	**截止日：**
编制：	**复核：**
日期：	**日期：**

项目名称	期末未审数	账项调整		重分类调整		期末审定数	上期末审定数	索引号
		借方	贷方	借方	贷方			
无形资产账面原值：								
1.								
……								
无形资产减值准备：								
1.								
……								
无形资产账面价值：								
1.								
……								

审计结论：

无形资产明细表

被审计单位：	索引号：4118－2
项目：	截止日：
编制：	复核：
日期：	日期：

项目名称	期初余额	本期增加	本期减少	期末余额	备　　注
无形资产账面原值：					
1.					
……					
无形资产减值准备：					
1.					
……					
无形资产账面价值：					
1.					
……					

审计说明：

无形资产摊销金额计算表

被审计单位：____	索引号：4118－3
项目：____	截止日：____
编制：____	复核：____
日期：____	日期：____

无形资产名称	发生日期	原始发生额	摊销期限	期初摊余余额	减值准备	本期增加	本期减少		期末余额	剩余摊销年限	备注
							本期摊销额	其他减少			
合计											

注：无形资产的摊销期限应根据无形资产使用寿命确定，关注使用寿命和摊销年限是否合理。

审计说明：

19. 长期待摊费用

长期待摊费用实质性程序

被审计单位：________	索引号：4119
项目：________	截止日：________
编制：________	复核：________
日期：________	日期：________

一、需从实质性程序获取的保证程度

项　目	财务报表认定				
	存　在	完整性	权利和义务	计价和分摊	列　报
1. 审计目标	A	B	C	D	E
2. 需从实质性程序获取的保证程度					

注：根据财务报表项目的重要性、评估的各认定的重大错报风险以及控制测试（如有）的结果填写。

二、实质性程序

审计目标	可供选择的实质性程序	是否选择	索引号
D	1. 获取或编制长期待摊费用明细表，复核加计是否正确，并与总账数和明细账合计数核对是否相符，结合“待摊费用”项目中将于一年内（含一年）摊销的金额与报表数核对是否相符。		4119－2
ACD	2. 检查长期待摊费用的原始凭证，查阅有关合同、协议等资料，检查是否真实存在，会计处理是否正确。		略
D	3. 检查摊销政策是否符合企业会计制度的规定，复核计算摊销额，关注其会计处理是否正确，前后期是否保持一致，是否存在随意调节利润的情况。		4119－2
D	4. 检查被审计单位是否将预期不能为其带来经济利益的长期待摊费用项目的摊余价值予以转销。		略
	5. 针对评估的舞弊风险等因素增加的审计程序。		略
E	6. 检查长期待摊费用是否按照企业会计制度的规定恰当列报。		略

长期待摊费用审定表

被审计单位：	索引号：4119－1
项目：	截止日：
编制：	复核：
日期：	日期：

项目名称	期末未审数	账项调整		重分类调整		期末审定数	上期末审定数	索引号
		借方	贷方	借方	贷方			
一、账面余额合计								
1. 开办费								
……								
二、将于一年内摊销的金额合计								
1.								
……								
三、账面价值合计（列报金额）								
1.								
……								

审计结论：

长期待摊费用明细表

被审计单位：________________　　索引号：4119－2

项目：________________　　截止日：________________

编制：________________　　复核：________________

日期：________________　　日期：________________

项目名称	发生日期	初始成本	摊销期限	期初余额	本期增加	本期减少	期末余额	剩余摊销年限	将于一年内摊销的金额	备注
合计										

审计说明：

（二）负债类

1. 短期借款/长期借款

短期借款/长期借款实质性程序

被审计单位：	索引号：4201
项目：	截止日：
编制：	复核：
日期：	日期：

一、需从实质性程序获取的保证程度

项　目	财务报表认定				
	存　在	完整性	权利和义务	计价和分摊	列　报
1. 审计目标	A	B	C	D	E
2. 需从实质性程序获取的保证程度					

注：根据财务报表项目的重要性、评估的各认定的重大错报风险以及控制测试（如有）的结果填写。

二、实质性程序

审计目标	可供选择的实质性程序	是否选择	索引号
D	1. 获取或编制短期借款/长期借款明细表： （1）复核加计是否正确，并与报表数、总账数和明细账合计数核对是否相符； （2）检查非记账本位币短期借款/长期借款的折算汇率及折算金额是否正确，折算方法是否前后期一致。		4201－2
B	2. 检查被审计单位贷款卡，核实账面记录是否完整。对被审计单位贷款卡上列示的信息与账面记录的差异进行分析，并关注贷款卡中列示的被审计单位对外担保的信息。		略
ACD	3. 对借款实施函证程序。		略
ADC	4. 对本期增加的借款，检查借款合同，了解借款数额、借款用途、借款条件、借款日期、还款期限、借款利率，并与相关会计记录相核对。		4201－2

续表

审计目标	可供选择的实质性程序	是否选择	索引号
BDC	5. 对本期减少的借款，检查相关记录和原始凭证，核实还款金额，并与相关会计记录相核对。		4201－2
E	6. 检查期末逾期借款，至外勤工作日是否归还或办理了展期手续。同时关注逾期借款对被审计单位财务状况的影响（如罚息、诉讼事项、查封资产等）。		略
D	7. 检查借款费用的会计处理是否正确，是否正确计入财务费用、在建工程等相关账户，借款费用资本化的时点和期间、资产范围、目的和用途等是否符合资本化条件。		4201－2 4201－3
	8. 针对评估的舞弊风险等因素增加的审计程序。		略
E	9. 检查短期借款/长期借款是否按照企业会计制度的规定恰当列报。		略

短期借款/长期借款审定表

被审计单位：	索引号：　4201－1
项目：	截止日：
编制：	复核：
日期：	日期：

项目名称	期末未审数	账项调整		重分类调整		期末审定数	上期末审定数	索引号
		借方	贷方	借方	贷方			
信用借款								
抵押借款								
质押借款								
保证借款								
短期借款合计								
信用借款								
抵押借款								
质押借款								
保证借款								
长期借款合计								

审计结论：

短期借款/长期借款明细表

被审计单位：________________　　索引号：4201－2

项目：________________　　截止日：________________

编制：________________　　复核：________________

日期：________________　　日期：________________

贷款银行	借款期限		期初余额		本期增加			本期归还		期末余额		本期应计利息	本期实计利息	差异	借款条件	借款用途	备注
	借款日	约定还款日	利率	本金	日期	利率	本金	日期	本金	利率	本金						

编制说明：外币短期借款应列明原币金额及折算汇率。

审计说明：

利息分配情况检查表

被审计单位：	索引号：　4201－3
项目：	截止日：
编制：	复核：
日期：	日期：

项目名称	实际利息	利息（实际利息）分配数						核对是否正确	差异原因
		财务费用	在建工程	……			合计		
合　计									

编制说明：项目名称按短期借款/长期借款的明细科目列示。

审计说明：

2. 应付票据

应付票据实质性程序

被审计单位：	索引号：4202
项目：	截止日：
编制：	复核：
日期：	日期：

一、需从实质性程序获取的保证程度

项　目	财务报表认定				
	存　在	完整性	权利和义务	计价和分摊	列　报
1. 审计目标	A	B	C	D	E
2. 需从实质性程序获取的保证程度					

注：根据财务报表项目的重要性、评估的各认定的重大错报风险以及控制测试（如有）的结果填写。

二、实质性程序

审计目标	可供选择的实质性程序	是否选择	索引号
D	1. 获取或编制应付票据明细表： （1）复核加计正确，并与报表数、总账数和明细账合计数核对是否相符； （2）检查非记账本位币应付票据的折算汇率及折算是否正确； （3）标识重要项目。		4202－2
ABD	2. 检查应付票据备查簿： （1）与应付票据明细表核对以下内容是否相符：应付票据的种类、号数和出票日期、到期日、票面金额、交易合同号和收款人姓名或单位名称以及付款日期和金额等； （2）抽查资产负债表日后已偿付的应付票据，检查有无未入账的应付票据，核实其是否已付款并转销。		略
B	3. 审查有关文件并结合购货截止测试，检查应付票据的完整性。		略
AC	4. 检查债务的合同、发票和收货单等资料，核实交易、事项的真实性，复核其应存入银行的承兑保证金，并与其他货币资金——票据保证金科目核对。		略

续表

审计目标	可供选择的实质性程序	是否选择	索引号
BAD	5. 检查被审计单位贷款卡，对被审计单位贷款卡上列示的信息与应付票据账面记录核对的差异进行分析。		略
ACD	6. 选择应付票据的重要项目，函证其余额和交易条款，对未回函的再次发函或实施替代的检查程序（检查原始凭单，如合同、发票、验收单）。		略
ADE	7. 查明逾期未兑付票据的原因，逾期的银行承兑汇票是否转入短期借款，逾期的商业承兑汇票是否已经转入应付账款，带息票据是否已经停止计息。		略
D	8. 复核带息应付票据利息是否足额计提，其会计处理是否正确。		略
	9. 标明应付关联方的票据，执行关联方及其交易审计程序，关注与关联方的应付票据是否存在真实交易。		略
	10. 针对评估的舞弊风险等因素增加的审计程序。		略
E	11. 检查应付票据是否按照企业会计制度的规定恰当列报。		略

应付票据审定表

被审计单位：________ 索引号：4202-1

项目：________ 截止日：________

编制：________ 复核：________

日期：________ 日期：________

票据类别	期末未审数	账项调整		重分类调整		期末审定数	上期末审定数	索引号
		借方	贷方	借方	贷方			
合　计								

审计结论：

应付票据明细表

被审计单位：	索引号：　4202－2
项目：	截止日：
编制：	复核：
日期：	日期：

票据类别	票据关系人			合同号	出票日期	票面金额	已计利息	到期日期	利息率	到期应计利息	付息条件	备注
	出票人	承兑人	收款人									

编制说明：

1. 票据类别应按商业承兑汇票、银行承兑汇票分别列示；
2. 与收款人是否存在关联关系，在“备注”栏中说明；
3. 如果涉及非记账本位币的应付票据，应注明外币金额和折算汇率。

审计说明：

3. 应付账款

应付账款实质性程序

被审计单位：________	索引号：4203
项目：________	截止日：________
编制：________	复核：________
日期：________	日期：________

一、需从实质性程序获取的保证程度

项　目	财务报表认定				
	存　在	完整性	权利和义务	计价和分摊	列　报
1. 审计目标	A	B	C	D	E
2. 需从实质性程序获取的保证程度					

注：根据财务报表项目的重要性、评估的各认定的重大错报风险以及控制测试（如有）的结果填写。

二、实质性程序

审计目标	可供选择的实质性程序	是否选择	索引号
D	1. 获取或编制应付账款明细表： （1）复核加计正确，并与报表数、总账数和明细账合计数核对是否相符； （2）检查非记账本位币应付账款的折算汇率及折算是否正确； （3）分析出现借方余额的项目，查明原因，必要时，提请被审计单位进行重分类调整； （4）结合预付账款等往来项目的明细余额，检查异常余额或与购货无关的其他款项。		4203－2
AD	2. 检查债务形成的相关原始凭证，如供应商发票、验收报告或入库单等，确定应付账款金额的准确性。		略
AE	3. 检查应付账款长期挂账的原因，关注是否可能无需支付；对确实无需支付的应付账款的会计处理是否正确，依据是否充分；关注账龄超过3年的大额应付账款，是否已作披露，并检查在资产负债表日后是否偿还。		略
BA	4. 针对资产负债表日后付款项目，检查银行对账单及有关付款凭证（如银行划款通知、供应商收据等），询问被审计单位内部或外部的知情人员，查找有无未及时入账的应付账款。		略

续表

审计目标	可供选择的实质性程序	是否选择	索引号
B	5. 复核截至审计日全部未处理的供应商发票，询问是否存在其他未处理的供应商发票，确认所有的负债都记录在正确的会计期间内。		略
ACD	6. 选择应付账款的重要项目（包括零账户）函证其余额和交易条款，对未回函的再次发函或实施替代检查程序（检查原始凭单，如合同、发票、验收单等）。		4203－3
B	7. 针对已偿付的应付账款，追查至银行对账单、银行付款单据和其他原始凭证，检查其是否在资产负债表日后偿付。		4203－3
B	8. 检查资产负债表日后应付账款明细账贷方发生额的相应凭证，关注购货发票的日期，确认入账时间是否合理。		略
BA	9. 结合存货监盘程序，检查被审计单位资产负债日前后的存货入库资料（验收报告或入库单），检查是否有大额料到单未到的情况，确认相关负债是否计入了正确的会计期间。		略
AB	10. 针对异常或大额交易及重大调整事项（如大额的购货折扣或退回，会计处理异常的交易，未经授权的交易，或缺乏支持性凭证的交易等），检查相关原始凭证和会计记录，分析交易的真实性、合理性。		略
D	11. 检查带有现金折扣的应付账款是否按发票上记载的全部应付金额入账，在实际获得现金折扣时再冲减财务费用。		略
D	12. 被审计单位与债权人进行债务重组的，检查不同债务重组方式下的会计处理是否正确。		略
	13. 标明应付关联方的款项，执行关联方及其交易审计程序。		略
	14. 针对评估的舞弊风险等因素增加的审计程序。		略
E	15. 检查应付账款是否按照企业会计制度的规定恰当列报。		略

应付账款审定表

被审计单位：	索引号：4203－1
项目：	截止日：
编制：	复核：
日期：	日期：

项目名称	期末末审数	账项调整		重分类调整		期末审定数	上期末审定数	索引号
		借方	贷方	借方	贷方			
一、关联方：								
小　　计								
二、非关联方：								
小　　计								
合　　计								

审计结论：

应付账款明细表

被审计单位：	**索引号：** 4203－2
项目：	**截止日：**
编制：	**复核：**
日期：	**日期：**

单位名称（项目）	期末余额			账龄				备注
	原币	汇率	折合人民币	1年以内	1～2年	2～3年	3年以上	
一、关联方								
小　计								
二、非关联方								
小　计								
合　计								

审计说明：

应付账款替代测试表

被审计单位：______	索引号：4203－3
项目：______	截止日：______
编制：______	复核：______
日期：______	日期：______

一、资产负债表日前贷方金额检查

单位名称	期末余额	测试内容				占余额比例①	检查内容②			
		日期	凭证号	摘要	金额		①	②	③	④
检查内容说明：①原始凭证是否齐全；②记账凭证与原始凭证是否相符；③账务处理是否正确；④是否记录于恰当的会计期间。										

二、资产负债表日后的付款检查

单位名称	期末余额	测试内容				占余额比例	检查内容③			
		日期	凭证号	摘要	金额		①	②	③	④
检查内容说明：①原始凭证是否齐全；②记账凭证与原始凭证是否相符；③账务处理是否正确；④是否记录于恰当的会计期间。										

审计说明：

① 根据替代测试的审计目标，替代测试金额应能够涵盖该单位期末余额，即占余额比例不低于100%；一般不需要对借方发生额进行替代测试。

② 根据审计目标，检查内容主要包括支持被审计单位向被询证单位支付款项义务的审计证据。

③ 根据审计目标，检查内容主要包括支持已于期后向被询证单位支付询证款项的审计证据。

4. 预收账款

预收账款实质性程序

被审计单位：________	索引号：4204
项目：________	截止日：________
编制：________	复核：________
日期：________	日期：________

一、需从实质性程序获取的保证程度

项　目	财务报表认定				
	存　在	完整性	权利和义务	计价和分摊	列　报
1. 审计目标	A	B	C	D	E
2. 需从实质性程序获取的保证程度					

注：根据财务报表项目的重要性、评估的各认定的重大错报风险以及控制测试（如有）的结果填写。

二、实质性程序

审计目标	可供选择的实质性程序	是否选择	索引号
D	1. 获取或编制预收账款明细表。 （1）复核加计是否正确，并与报表数、总账数和明细账合计数核对是否相符； （2）以非记账本位币结算的预收账款，检查采用的折算汇率及折算是否正确； （3）检查是否存在借方余额，必要时提请被审计单位进行重分类调整； （4）标识重要客户。		4204－2
A	2. 检查预收账款长期挂账的原因，必要时提请被审计单位予以调整。		略
ABD	3. 抽查与预收账款有关的销货合同、仓库发货记录、货运单据和收款凭证，检查已实现销售的商品是否及时转销预收账款，确定预收账款期末余额是否正确。		略
ACD	4. 选择预收账款的重要项目（包括零账户）函证其余额和交易条款，对未回函的再次发函或实施替代检查程序（检查原始凭单，如合同、发票、验收单等）。		4204－3

续表

审计目标	可供选择的实质性程序	是否选择	索引号
BA	5. 结合货币资金的期后测试，以确定预收账款是否已计入恰当期间。		略
	6. 标明预收关联方的款项，执行关联方及其交易审计程序。		略
	7. 针对评估的舞弊风险等因素增加的审计程序。		略
E	8. 检查预收账款是否按照企业会计制度的规定恰当列报。		略

预收账款审定表

被审计单位：_______	索引号：4204－1
项目：_______	截止日：_______
编制：_______	复核：_______
日期：_______	日期：_______

项目名称	期末未审数	账项调整		重分类调整		期末审定数	上期末审定数	索引号
		借方	贷方	借方	贷方			
一、关联方								
小　计								
二、非关联方								
小　计								
合　计								

审计结论：

预收账款明细表

被审计单位： ______________________　　**索引号：** 4204－2

项目： ______________________　　**截止日：** ______________________

编制： ______________________　　**复核：** ______________________

日期： ______________________　　**日期：** ______________________

单位名称	期末余额			账　　龄			
	原币	汇率	折合本位币	1年以内	1～2年	2～3年	3年以上
一、关联方							
小　　计							
二、非关联方							
小　　计							
合　　计							

审计说明：

预收账款替代测试表

被审计单位：		索引号：	4204－3
项目：		截止日：	
编制：		复核：	
日期：		日期：	

一、资产负债表日前贷方金额检查

单位名称	期末余额	测试内容				占余额比例①	检查内容②			
		日期	凭证号	摘要	金额		①	②	③	④
检查内容说明：①原始凭证是否齐全；②记账凭证与原始凭证是否相符；③账务处理是否正确；④是否记录于恰当的会计期间。										

二、资产负债表日后的转销情况检查

单位名称	期末余额	测试内容				占余额比例	检查内容③			
		日期	凭证号	摘要	金额		①	②	③	④
检查内容说明：①原始凭证是否齐全；②记账凭证与原始凭证是否相符；③账务处理是否正确；④是否记录于恰当的会计期间。										

审计说明：

① 根据替代测试的审计目标，替代测试金额应能够涵盖该单位期末余额，即占余额比例不低于100%；一般不需要对借方发生额进行替代测试。

② 根据审计目标，检查内容主要包括支持被审计单位预收被询证单位款项的审计证据。

③ 根据审计目标，检查内容主要包括支持已于期后转销预收款项的审计证据。

5. 应付工资/应付福利费

应付工资/应付福利费实质性程序

被审计单位：________	索引号：4205
项目：________	截止日：________
编制：________	复核：________
日期：________	日期：________

一、需从实质性程序获取的保证程度

项　　目	财务报表认定				
	存　在	完整性	权利和义务	计价和分摊	列　报
1. 审计目标	A	B	C	D	E
2. 需从实质性程序获取的保证程度					

注：根据财务报表项目的重要性、评估的各认定的重大错报风险以及控制测试（如有）的结果填写。

二、实质性程序

审计目标	可供选择的实质性程序	是否选择	索引号
D	1. 获取或编制应付工资/应付福利费明细表，复核加计是否正确，并与报表数、总账数和明细账合计数核对是否相符。		4205－2
ABD	2. 实施实质性分析程序： （1）比较被审计单位员工人数的变动情况，检查被审计单位各部门各月工资费用的发生额是否有异常波动，如有，查明波动原因是否合理； （2）比较本期与上期工资费用总额，要求被审计单位解释其增减变动原因，或取得被审计单位管理层关于员工工资标准的决议； （3）结合员工社保缴纳情况，明确被审计单位员工范围，检查是否与关联公司员工工资混淆列支； （4）核对下列相互独立部门的相关数据： ①工资部门记录的工资支出与出纳记录的工资支付数； ②工资部门记录的工时与生产部门记录的工时。 （5）比较本期应付工资/应付福利费余额与上期应付工资/应付福利费余额，是否有异常变动。		略

续表

审计目标	可供选择的实质性程序	是否选择	索引号
ABD	3. 检查工资和福利费： （1）计提是否正确，依据是否充分，将执行的工资标准与有关规定核对，并对工资总额进行测试；被审计单位如果实行工效挂钩，应取得有关主管部门确认的效益工资发放额认定证明，结合有关合同文件和实际完成的指标，检查其计提额是否正确，是否应作纳税调整； （2）检查按工资总额计提的福利费是否符合规定，计提金额是否正确； （3）检查分配方法与上期是否一致，被审计单位是否根据职工提供服务的受益对象，分下列情况进行处理： ①生产部门人员工资/福利费计入生产成本、制造费用； ②管理部门人员工资/福利费计入管理费用； ③应由采购、销售费用开支的人员工资/福利费，计入营业费用； ④应由工程负担的人员工资/福利费，计入在建工程； ⑤作为外商投资企业，按规定从净利润中提取的职工奖励及福利基金，相应计入“利润分配——提取的职工奖励及福利基金”科目； （4）检查发放金额是否正确，代扣的款项及其金额是否正确； （5）检查是否存在属于拖欠性质的工资，并了解拖欠的原因。		4205－3
BAC	4. 检查应付工资/应付福利费的期后付款情况，并关注在资产负债表日至财务报表批准报出日之间，是否有确凿证据表明需要调整资产负债表日原确认的应付工资/应付福利费事项。		略
	5. 针对评估的舞弊风险等因素增加的审计程序。		略
E	6. 检查应付工资/应付福利费是否按照企业会计制度的规定恰当列报。		略

应付工资/应付福利费审定表

被审计单位：________　　索引号：4205－1
项目：________　　截止日：________
编制：________　　复核：________
日期：________　　日期：________

项目名称	期末未审数	账项调整		重分类调整		期末审定数	上期审定数	索引号
		借方	贷方	借方	贷方			
1. 应付工资								
2. 应付福利费								

审计结论：

应付工资/应付福利费明细表

被审计单位：		索引号：	4205－2
项目：		截止日：	
编制：		复核：	
日期：		日期：	

项　　目	期初数	本期增加	本期减少	期末数	备　　注
应付工资					
1 月					
2 月					
3 月					
4 月					
5 月					
6 月					
7 月					
8 月					
9 月					
10 月					
11 月					
12 月					
合　　计					
应付福利费					

工资福利费分配情况

项　　目	生产成本	制造费用	营业费用	管理费用	在建工程	合　　计	差异原因
应付工资							
应付福利费							

审计说明：

工资及工资附加费用计提情况检查表

被审计单位：________________ 索引号：4205－3

项目：________________ 截止日：________________

编制：________________ 复核：________________

日期：________________ 日期：________________

项目名称	已计提金额	应计提基数	计提比率	应计提金额	应提与已提的差异	备　注
1. 工资						
2. 职工福利						
3. 社会保险费						
（1）医疗保险费						
（2）养老保险费						
（3）失业保险费						
（4）工伤保险费						
（5）生育保险费						
4. 住房公积金						
5. 工会经费						
6. 职工教育经费						
合　　计						

审计说明：

6. 应付股利

应付股利实质性程序

被审计单位：	索引号：4206
项目：	截止日：
编制：	复核：
日期：	日期：

一、需从实质性程序获取的保证程度

项　　目	财务报表认定				
	存　在	完整性	权利和义务	计价和分摊	列　报
1. 审计目标	A	B	C	D	E
2. 需从实质性程序获取的保证程度					

注：根据财务报表项目的重要性、评估的各认定的重大错报风险以及控制测试（如有）的结果填写。

二、实质性程序

审计目标	可供选择的实质性程序	是否选择	索引号
D	1. 获取或编制应付股利明细表，复核加计是否正确，并与报表数、总账数及明细账合计数核对相符。		4206－2
ABC	2. 审阅公司章程、股东会和董事会会议纪要中有关股利的规定或决定，了解股利分配标准和发放方式是否符合有关规定并经法定程序批准。		略
DAB	3. 检查应付股利的计提是否根据董事会或股东会决定的利润分配方案，从税后可供分配利润中计算确定，并复核应付股利计算和会计处理的正确性。		略
BDA	4. 检查股利支付的原始凭证的内容、金额和会计处理是否正确，关注现金股利是否按公告规定的时间、金额予以发放。		略
ACD	5. 向主要投资者函证。		略
AC	6. 检查董事会或类似机构通过的利润分配方案中拟分配的现金股利或利润，是否按规定处理。		略
	7. 针对评估的舞弊风险等因素增加的审计程序。		略
E	8. 检查应付股利是否按照企业会计制度的规定恰当列报。		略

应付股利审定表

被审计单位：＿＿＿＿＿＿　索引号：4206－1

项目：＿＿＿＿＿＿　截止日：＿＿＿＿＿＿

编制：＿＿＿＿＿＿　复核：＿＿＿＿＿＿

日期：＿＿＿＿＿＿　日期：＿＿＿＿＿＿

投资者名称	期末未审数	账项调整		期末审定数	上期末审定数	索引号
		借方	贷方			
甲						
乙						
丙						
……						
合　计						

审计结论：

应付股利明细表

被审计单位：＿＿＿＿＿＿	索引号：4206－2
项目：＿＿＿＿＿＿	截止日：＿＿＿＿＿＿
编制：＿＿＿＿＿＿	复核：＿＿＿＿＿＿
日期：＿＿＿＿＿＿	日期：＿＿＿＿＿＿

投资者名称	期初余额	本期增加	本期减少	期末余额	备　　注
甲					
乙					
丙					
……					

审计说明：

7. 应交税金/其他应交款

应交税金/其他应交款实质性程序

被审计单位：______	索引号：4207
项目：______	截止日：______
编制：______	复核：______
日期：______	日期：______

一、需从实质性程序获取的保证程度

项　　目	财务报表认定				
	存　在	完整性	权利和义务	计价和分摊	列　报
1. 审计目标	A	B	C	D	E
2. 需从实质性程序获取的保证程度					

注：根据财务报表项目的重要性、评估的各认定的重大错报风险以及控制测试（如有）的结果填写。

二、实质性程序

审计目标	可供选择的实质性程序	是否选择	索引号
D	1. 获取或编制应交税金/其他应交款明细表： （1）复核加计是否正确，并与报表数、总账数和明细账合计数核对是否相符； （2）检查不需要预计应缴数的税金有无误入应交税金项目； （3）分析存在借方余额的项目，查明原因，判断是否由被审计单位预缴税款引起。		略
BA	2. 首次接受委托时，取得被审计单位的纳税鉴定、纳税通知、减免税批准文件等，了解被审计单位适用的税种、附加税费、计税（费）基础、税（费）率，以及征、免、减税（费）的范围与期限。连续接受委托时，关注其变化情况。		略
DA	3. 核对期初未交税金与税务机关受理的纳税申报资料是否一致，检查缓期纳税及延期纳税事项是否经过税务机关批准。		略
BDC	4. 取得税务部门汇算清缴或其他确认文件、有关政府部门的专项检查报告、税务代理机构专业报告、被审计单位纳税申报资料等，并与上述明细表及账面数据进行核对。对于超过法定交纳期限的税费，应取得主管税务机关的批准文件。		略

续表

审计目标	可供选择的实质性程序	是否选择	索引号
DBA	5. 检查应交增值税： （1）获取或编制应交增值税明细表，加计复核其正确性，并与明细账核对相符； （2）将应交增值税明细表与被审计单位增值税纳税申报表进行核对，比较两者是否总体相符，并分析差异原因； （3）通过“原材料”等相关科目分析进项税是否合理； （4）抽查一定期间的进项税抵扣汇总表，与应交增值税明细表相关数额合计数核对，如有差异，查明原因并作适当处理； （5）抽查重要进项税发票、海关完税凭证、收购凭证或运费发票，并与网上申报系统进行核对，并注意进口货物、购进的免税农产品或废旧物资、支付运费、接受投资或捐赠、接受应税劳务等应计的进项税额是否按规定进行了会计处理；因存货改变用途或发生非常损失应计的进项税额转出数的计算是否正确，是否按规定进行了会计处理； （6）根据与增值税销项税额相关账户审定的有关数据，复核存货销售，或将存货用于投资、无偿馈赠他人、分配给股东（或投资者）应计的销项税额，以及将自产、委托加工的产品用于非应税项目的计税依据确定是否正确以及应计的销项税额是否正确计算，是否按规定进行会计处理； （7）检查适用税率是否符合税法规定； （8）取得《出口货物退（免）税申报表》及办理出口退税有关凭证，复核出口货物退税的计算是否正确，是否按规定进行了会计处理； （9）抽查本期已交增值税资料，确定已交款数的正确性。		4207－2 4207－3
DBA	6. 检查应交营业税的计算是否正确： （1）结合主营业务税金及附加等项目的审计，根据审定的当期营业额，检查营业税的计税依据是否正确，适用税率是否符合税法规定，是否按规定进行了会计处理，并分项复核本期应交数；抽查本期已交营业税资料，确定已交数的正确性； （2）结合财务费用——利息收入的审计，检查从其他企业或非银行金融机构取得的利息收入是否按规定计缴营业税。		4207－5
DBA	7. 检查应交消费税的计算是否正确。结合主营业务收入等项目的审计，根据审定的应税消费品销售额（或数量），检查消费税的计税依据是否正确。适用税率（或单位税额）是否符合税法规定，是否按规定进行了会计处理，并分项复核本期应交消费税税额；抽查本期已交消费税资料，确定已交数的正确性。		4207－5
DBA	8. 检查应交资源税的计算是否正确，是否按规定进行了会计处理。		4207－5
DBA	9. 检查应交土地增值税的计算是否正确，是否按规定进行了会计处理： （1）根据审定的预售房地产的预收账款，复核预交税款是否准确； （2）对符合项目清算条件的房地产开发项目，检查被审计单位是否按规定进行土地增值税清算；如果被审计单位已聘请中介机构办理土地增值		略

续表

审计目标	可供选择的实质性程序	是否选择	索引号
DBA	税清算鉴证，应检查、核对相关鉴证报告； （3）如果被审计单位被主管税务机关核定征收土地增值税，应检查、核对相关的手续； （4）根据审定的土地使用权及其地上物（或称房地产）转让收入与其规定的扣除金额，复核房地产转让增值额； （5）根据房地产转让增值额和按规定适用的税率复核应交土地增值税税额； （6）抽查本期已交土地增值税纳税资料，确定已交数的正确性。		略
DBA	10. 检查应交城市维护建设税的计算是否正确。结合主营业务税金及附加等项目的审计，根据审定的计税基础和按规定适用的税率，复核被审计单位本期应交城市维护建设税的计算是否正确，是否按规定进行了会计处理；抽查本期已交城市维护建设税资料，确定已交数的正确性。		4207－5
DBA	11. 检查应交车船税和房产税的计算是否正确。获取被审计单位自有车船数量、吨位（或座位）及自有房屋建筑面积、用途、造价（购入原价）、购建年月等资料，并与固定资产（含融资租入固定资产）明细账复核一致；了解其使用、停用时间及其原因等情况；通过审核本期完税单，检查其是否如实申报和按期缴纳，是否按规定进行了会计处理。		4207－5
DBA	12. 检查应交土地使用税的计算是否正确，是否按规定进行了会计处理。		4207－5
DBA	13. 获取或编制应交所得税测算表，结合所得税项目的审计，确定应纳税所得额及企业所得税税率，复核应交企业所得税的计算是否正确，是否按规定进行了会计处理；抽查本期已交所得税资料，确定已交数的正确性。汇总纳税企业所得税汇算清缴，并按税法规定追加相应的程序。		4207－4
DBA	14. 检查教育费附加、矿产资源补偿费、住房公积金等的计算是否正确，是否按规定进行了会计处理。		4207－5
DBA	15. 检查除上述税项外的其他税项及代扣税项（如代扣代缴个人所得税）的计算是否正确，是否按规定进行了会计处理。		略
DB	16. 检查被审计单位获得税费减免或返还的依据是否充分、合法和有效，会计处理是否正确。		略
AD	17. 抽查____笔应交税金/其他应交款缴纳的相关的凭证，检查是否有合法依据，会计处理是否正确。		略
	18. 针对评估的舞弊风险等因素增加的审计程序。		略
E	19. 检查应交税金/其他应交款是否按照企业会计制度的规定恰当列报。		略

应交税金/其他应交款审定表

被审计单位：________	索引号：4207－1
项目：________	截止日：________
编制：________	复核：________
日期：________	日期：________

项目名称	期末未审数	账项调整		重分类调整		期末审定数	上期末审定数	索引号
		借方	贷方	借方	贷方			
1. 企业所得税								
2. 增值税								
3. 营业税								
4. 消费税								
5. 资源税								
6. 土地增值税								
7. 土地使用税								
8. 房产税								
9. 车船税								
10. 城市维护建设税								
11. 代扣代缴个人所得税								
……								
应交税金合计								
1. 教育费附加								
2. 矿产资源补偿费								
3. 住房公积金								
……								
其他应交款合计								

审计结论：

应交增值税明细表

被审计单位：	索引号：4207－2
项目：	截止日：
编制：	复核：
日期：	日期：

项　　目	本期数	备注
一、应交增值税		
1. 年初未抵扣数（用“－”反映）		
2. 销项税额		
出口退税		
进项税额转出		
转出多交增值税		
3. 进项税额		
已交税金		
减免税款		
出口抵减内销产品应纳税额		
转出未交增值税		
4. 期末未抵扣数（多交数用“－”反映）		
二、未交增值税		
1. 年初未交数（多交数以“－”反映）		
2. 本期转入数（多交数以“－”反映）		
3. 本期已交数		
4. 期末未交数（多交数以“－”反映）		

审计说明：

应交增值税销项税额测算表

被审计单位：	索引号：4207－3
项目：	截止日：
编制：	复核：
日期：	日期：

项目	销售品种	收入	税率	应交增值税销项税金
一、测算数				
1. 主营业务收入	产品1		17%	
	……			
	产品2		13%	
	……			
	小计			
2. 其他业务收入	原料1		17%	
	……			
	小计			
3. 其他				
	……			
	小计			
4. 减：免税收入				
合　计				
二、未审数				
三、差异额				
四、差异率				
差异分析：				

审计说明：

应交所得税测算表

被审计单位：______	索引号：4207－4
项目：______	截止日：______
编制：______	复核：______
日期：______	日期：______

内　容	金额	索引号	备注
一、审计前利润总额			
加：审计调整因素：			
1.			
2.			
3.			
4.			
5.			
6.			
7.			
8.			
9. 其他			
小计			
二、审计后利润总额			
加：纳税调整增加额			
减：纳税调整减少额			
三、纳税调整后所得			
减：弥补以前年度亏损			
减：免税所得			
减：允许扣除的公益救济性捐赠额			
减：加计扣除额			
四、应纳税所得额			
适用税率			
五、境内所得应纳所得税额			
减：境内投资所得抵免税额			
加：境外所得应纳所得税额			
减：境外所得抵免税额			
六、境内、外所得应纳所得税额			
减：减免所得税额			
七、实际应纳所得税额			

审计说明：

其他应交税费测算表

被审计单位：______	索引号：4207－5
项目：______	截止日：______
编制：______	复核：______
日期：______	日期：______

项目	计税基础	税（费）率	应计金额	账面已计金额	差异
营业税					
消费税					
土地使用税					
房产税					
车船税					
城市维护建设税					
教育费附加					
矿产资源补偿费					
……					

审计说明：

8. 其他应付款

其他应付款实质性程序

被审计单位：		索引号：	4208
项目：		截止日：	
编制：		复核：	
日期：		日期：	

一、需从实质性程序获取的保证程度

项　目	财务报表认定				
	存　在	完整性	权利和义务	计价和分摊	列　报
1. 审计目标	A	B	C	D	E
2. 需从实质性程序获取的保证程度					

注：根据财务报表项目的重要性、评估的各认定的重大错报风险以及控制测试（如有）的结果填写。

二、实质性程序

审计目标	可供选择的实质性程序	是否选择	索引号
D	1. 获取或编制其他应付款明细表： （1）复核加计是否正确，并与报表数、总账数和明细账合计数核对是否相符； （2）检查非记账本位币其他应付款的折算汇率及折算是否正确； （3）分析有借方余额的项目，查明原因，必要时，提请被审计单位进行重分类调整； （4）结合应付账款、其他应收款等往来项目的明细余额，调查异常余额或与本项目核算无关的其他款项； （5）标识重要明细项目。		4208－2
ACD	2. 选择金额较大和异常的明细账余额，检查原始凭证，并考虑向债权人函证。对未回函的重要债权人，编制应付该债权人的增减变动表；必要时，收集该债权人资料分析其变动的合理性。		4208－3
BA	3. 请被审计单位协助，在其他应付款明细表上标出截至审计日已支付的金额较大的其他应付款项，确定有无未及时入账的其他应付款。抽查付款凭证、银行对账单等，并注意入账日期的合理性。		4208－3

续表

审计目标	可供选择的实质性程序	是否选择	索引号
D	4. 结合应付工资项目审计，检查工会经费、职工教育经费、社会保险费的计提是否正确，支付是否符合相关规定，账务处理是否正确。		4205－3
AC	5. 检查长期未结的其他应付款，提请被审计单位妥善处理。		略
	6. 标明应付关联方的款项，执行关联方及其交易审计程序。		略
	7. 针对评估的舞弊风险等因素增加的审计程序。		略
E	8. 检查其他应付款是否按照企业会计制度的规定恰当列报。		略

其他应付款审定表

被审计单位：	**索引号：** 4208－1
项目：	**截止日：**
编制：	**复核：**
日期：	**日期：**

项目名称	款项性质或内容	期末未审数	账项调整		重分类调整		期末审定数	上期末审定数	索引号
			借方	贷方	借方	贷方			
一、关联方									
小　　计									
二、非关联方									
小　　计									
合　　计									

审计结论：

其他应付款明细表

被审计单位：		索引号：	4208－2
项目：		截止日：	
编制：		复核：	
日期：		日期：	

单位名称（项目）	期末余额			账　龄				性质或内容
	原币	汇率	折合人民币	1年以内	1~2年	2~3年	3年以上	
一、关联方								
小　计								
二、非关联方								
小　计								
合　计								

审计说明：

其他应付款替代测试检查表

被审计单位：	索引号：4208－3
项目：	截止日：
编制：	复核：
日期：	日期：

一、资产负债表日前贷方金额检查

单位名称	期末余额	测试内容				占余额比例[①]	检查内容[②]			
		日期	凭证号	摘要	金额		①	②	③	④
检查内容说明：①原始凭证是否齐全；②记账凭证与原始凭证是否相符；③账务处理是否正确；④是否记录于恰当的会计期间。										

二、资产负债表日后的付款检查

单位名称	期末余额	测试内容				占余额比例%	检查内容[③]			
		日期	凭证号	摘要	金额		①	②	③	④
检查内容说明：①原始凭证是否齐全；②记账凭证与原始凭证是否相符；③账务处理是否正确；④是否记录于恰当的会计期间。										

审计说明：

① 根据替代测试的审计目标，替代测试金额应能够涵盖该单位期末余额，即占余额比例不低于100%；一般不需要对借方发生额进行替代测试。

② 根据审计目标，检查内容主要包括支持被审计单位向被询证单位支付款项义务的审计证据。

③ 根据审计目标，检查内容主要包括支持已于期后向被询证单位支付询证款项的审计证据。

9. 预提费用

预提费用实质性程序

被审计单位：______	索引号：4209
项目：______	截止日：______
编制：______	复核：______
日期：______	日期：______

一、需从实质性程序获取的保证程度

项　目	财务报表认定				
	存　在	完整性	权利和义务	计价和分摊	列　报
1. 审计目标	A	B	C	D	E
2. 需从实质性程序获取的保证程度					

注：根据财务报表项目的重要性、评估的各认定的重大错报风险以及控制测试（如有）的结果填写。

二、实质性程序

审计目标	可供选择的实质性程序	是否选择	索引号
D	1. 获取或编制预提费用明细表，复核加计正确，并与报表数、总账数和明细账合计数核对是否相符。		4209 – 2
ABD	2. 抽查大额预提费用发生的记账凭证及相关文件、资料，检查其发生的依据和预提的数额是否正确；特别应注意是否存在故意多提或少提预提费用以调节成本、利润的问题。		略
D	3. 结合短期借款等项目的审计，检查利息计提数的计算是否正确。		略
B	4. 抽查大额预提费用转销的依据是否合理，检查会计处理是否正确。		略
AB	5. 结合期后付款测试，检查预提费用的期后结算事项，查明是否存在跨期支出现象。		略
AC	6. 检查有无不属于预提费用性质的会计事项，有无超过1年尚未结清的预提费用。		略
AC	7. 对预提费用的期末余额，如果当地财政部门有报批要求，查核被审计单位是否履行了报批手续。		略
	8. 针对评估的舞弊风险等因素增加的审计程序。		略
E	9. 检查预提费用是否按照企业会计制度的规定恰当列报。		略

预提费用审定表

被审计单位：	索引号：4209－1
项目：	截止日：
编制：	复核：
日期：	日期：

项　　目	期末未审数	账项调整		期末审定数	上期末审定数	索引号
		借方	贷方			
合　　计						

审计结论：

预提费用明细表

被审计单位：________　索引号：4209－2

项目：________　截止日：________

编制：________　复核：________

日期：________　日期：________

项　目	期初余额	本期增加	本期减少	期末余额	备　注
合　计					

审计说明：

10. 预计负债

预计负债实质性程序

被审计单位：	索引号：4210
项目：	截止日：
编制：	复核：
日期：	日期：

一、需从实质性程序获取的保证程度

项目	财务报表认定				
	存在	完整性	权利和义务	计价和分摊	列报
1. 审计目标	A	B	C	D	E
2. 需从实质性程序获取的保证程度					

注：根据财务报表项目的重要性、评估的各认定的重大错报风险以及控制测试（如有）的结果填写。

二、实质性程序

审计目标	可供选择的实质性程序	是否选择	索引号
D	1. 获取或编制预计负债明细表： （1）复核加计是否正确，并与报表数、总账数和明细账合计数核对是否相符； （2）复核预计负债的期初余额，确定其是否与上期末审定数相符。		4210－2
BCD	2. 了解形成预计负债的原因，并与管理层就预计负债的完整性和充分计提进行讨论，以确定估计的金额是否合理，相关的会计处理是否正确。		略
BAD	3. 结合或有事项审计，检查被审计单位管理层确认或不确认预计负债的依据的合理性，预计负债的计量和会计处理是否正确。		略
D	4. 检查预计负债得以证实时（即损失实际发生时），对实际发生的损失与原预计负债的差额的会计处理是否正确。		略
D	5. 检查被审计单位在资产负债表日对预计负债的账面价值进行复核的记录。有确凿证据表明该账面价值不能真实反映资产负债表日最佳估计数时，检查被审计单位是否按照资产负债表日最佳估计数对该账面价值进行调整。		略
	6. 针对评估的舞弊风险等因素增加的审计程序。		略
E	7. 检查预计负债是否按照企业会计制度的规定恰当列报。		略

注：预计负债审计是或有事项审计的一部分内容，要结合或有事项实施实质性程序。

预计负债审定表

被审计单位：	索引号：4210－1
项目：	截止日：
编制：	复核：
日期：	日期：

项目名称	期末未审数	账项调整		重分类调整		期末审定数	上期末审定数	索引号
		借方	贷方	借方	贷方			
合　计								

审计结论：

预计负债明细表

被审计单位：	**索引号：** 4210－2
项目：	**截止日：**
编制：	**复核：**
日期：	**日期：**

项　　目	期初余额	本期增加	本期减少	期末余额	备　　注
合　　计					

审计说明：

11. 长期应付款

长期应付款实质性程序

被审计单位：		索引号：	4211
项目：		截止日：	
编制：		复核：	
日期：		日期：	

一、需从实质性程序获取的保证程度

项　　目	财务报表认定				
	存　在	完整性	权利和义务	计价和分摊	列　报
1. 审计目标	A	B	C	D	E
2. 需从实质性程序获取的保证程度					

注：根据财务报表项目的重要性、评估的各认定的重大错报风险以及控制测试（如有）的结果填写。

二、实质性程序

审计目标	可供选择的实质性程序	是否选择	索引号
D	1. 获取或编制长期应付款明细表： （1）复核加计是否正确，并与报表数、总账数和明细账合计数核对是否相符； （2）检查非记账本位币长期应付款的折算汇率及折算是否正确； （3）检查长期应付款的内容是否符合企业会计制度的规定（主要包括应付融资租入固定资产的租赁费、采用补偿贸易方式下引进国外设备价款等）。		4211－2
AD	2. 检查应付融资租入固定资产的租赁费： （1）重点关注企业融资租入的固定资产，检查企业融资租入的固定资产是否经授权批准，在租赁期开始日，长期应付款是否按最低租赁付款额确认； （2）结合合同的审查，是否按合约规定的付款条件按期支付租金； （3）检查会计处理是否正确。		略
D	3. 检查未确认融资费用。重新计算实际利率，并与被审计单位计算确定的实际利率进行比较，检查被审计单位是否按照实际利率分摊未确认融资费用，分摊是否正确，相应的会计处理是否正确等。		略

续表

审计目标	可供选择的实质性程序	是否选择	索引号
B	4. 结合固定资产的审计，检查有无未入账的长期应付款。		略
ACD	5. 函证重大的长期应付款明细账户。		略
D	6. 检查各项长期应付款本息的计算是否准确，会计处理是否正确。		略
	7. 针对评估的舞弊风险等因素增加的审计程序。		略
E	8. 检查长期应付款是否按照企业会计制度的规定恰当列报。		略

长期应付款审定表

被审计单位：	索引号：4211－1
项目：	截止日：
编制：	复核：
日期：	日期：

单位名称	款项性质或内容	期末未审数	账项调整		重分类调整		期末审定数	上期末审定数	索引号
			借方	贷方	借方	贷方			
一、关联方									
小　　计									
二、非关联方									
小　　计									
合　　计									

审计结论：

长期应付款明细表

被审计单位：	索引号：4211－2
项目：	截止日：
编制：	复核：
日期：	日期：

单位名称（项目）	期末余额			账龄				性质或内容
	原币	汇率	折合人民币	1年以内	1~2年	2~3年	3年以上	
一、关联方								
小　计								
二、非关联方								
小　计								
合　计								

审计说明：

12. 专项应付款

专项应付款实质性程序

被审计单位：______	索引号： 4212
项目：______	截止日：______
编制：______	复核：______
日期：______	日期：______

一、需从实质性程序获取的保证程度

项目	财务报表认定				
	存 在	完整性	权利和义务	计价和分摊	列 报
1. 审计目标	A	B	C	D	E
2. 需从实质性程序获取的保证程度					

注：根据财务报表项目的重要性、评估的各认定的重大错报风险以及控制测试（如有）的结果填写。

二、实质性程序

审计目标	可供选择的实质性程序	是否选择	索引号
D	1. 获取或编制专项应付款明细表： （1）复核加计是否正确，并与报表数、总账数和明细账合计数核对相符； （2）检查非记账本位币专项应付款的折算汇率及折算是否正确。		4212－2
AD	2. 检查专项应付款的内容是否系国家拨入的具有专门用途的款项，以及从其他来源取得的款项。核对各项拨款的批准文件和银行进账单，确定金额是否正确。		略
ACD	3. 必要时可就拨款事项向拨款单位函证。		略
ACDB	4. 检查拨款项目的完成情况，专项应付款形成资产部分转销的手续是否健全；检查形成资产转销的以及未形成长期资产需要核销及拨款结余返还的会计处理是否正确。		略
	5. 针对评估的舞弊风险等因素增加的审计程序。		略
E	6. 检查专项应付款是否按照企业会计制度的规定恰当列报。		略

专项应付款审定表

被审计单位：	索引号： 4212－1
项目：	截止日：
编制：	复核：
日期：	日期：

项目名称	期末未审数	账项调整		重分类调整		期末审定数	上期末审定数	索引号
		借方	贷方	借方	贷方			
合　　计								

审计结论：

专项应付款明细表

被审计单位：	索引号：4212－2
项目：	截止日：
编制：	复核：
日期：	日期：

项目名称	期初余额	本期拨入	本期转销	本期返还	期末余额	文件依据	备注
合　　计							

编制说明：外币专项应付款应列明原币金额及折合汇率。

审计说明：

（三）所有者权益类

1. 实收资本（股本）

实收资本（股本）实质性程序

被审计单位：	**索引号：** 4301
项目：	**截止日：**
编制：	**复核：**
日期：	**日期：**

一、需从实质性程序获取的保证程度

项　　目	财务报表认定				
	存　在	完整性	权利和义务	计价和分摊	列　报
1. 审计目标	A	B	C	D	E
2. 需从实质性程序获取的保证程度					

注：根据财务报表项目的重要性、评估的各认定的重大错报风险以及控制测试（如有）的结果填写。

二、实质性程序

审计目标	可供选择的实质性程序	是否选择	索引号
D	1. 获取或编制实收资本（股本）明细表： （1）复核加计是否正确，并与报表数、总账数和明细账合计数核对是否相符； （2）以非记账本位币出资的，检查其折算汇率是否符合规定。		4301－2
AD	2. 检查与投入资本有关的原始凭证、会计记录，查明投资者是否按合同、协议、章程约定的时间和方式缴付出资额，是否已经注册会计师验证。如已验资，检查验资报告。必要时向投资者函证实缴资本额，以确定投入资本的真实性。		略
A	3. 结合其他应收款等项目的审计，关注是否存在抽资或变相抽资的情况，如有，取证核实，作恰当处理。		略
BA	4. 检查被审计单位设立批文、章程、营业执照、董事会决议、股东会决议等法律性文件，确定账簿记录是否与法律性文件一致。		略

续表

审计目标	可供选择的实质性程序	是否选择	索引号
ABD	5. 关注实收资本（股本）增减变动是否违反相关法规，会计处理是否正确： （1）以资本公积、盈余公积和未分配利润转增资本的，检查是否符合公司法的规定、相关增资手续是否办理及会计处理是否正确； （2）中外合作经营企业在合作期间归还投资的，审核相关法规的规定，并对已归还投资的发生额逐项核查至原始凭证，检查应用的折算汇率和会计处理是否符合相关规定。		略
	6. 针对评估的舞弊风险等因素增加的审计程序：		略
E	7. 检查实收资本（股本）是否按照企业会计制度的规定恰当列报。		略

实收资本（股本）审定表

被审计单位：	索引号：4301－1
项目：	截止日：
编制：	复核：
日期：	日期：

股东名称	期末未审数	账项调整		重分类调整		期末审定数	上期末审定数	索引号
		借方	贷方	借方	贷方			

审计结论：

实收资本（股本）明细表

被审计单位：________	索引号：4301－2
项目：________	截止日：________
编制：________	复核：________
日期：________	日期：________

股东名称	期初余额		本期增加		本期减少		期末余额		
	外币	人民币	外币	人民币	外币	人民币	外币	人民币	比例（%）
合　　计									

审计说明：

2. 资本公积

资本公积实质性程序

被审计单位：______	索引号：4302
项目：______	截止日：______
编制：______	复核：______
日期：______	日期：______

一、需从实质性程序获取的保证程度

项　　目	财务报表认定				
	存　在	完整性	权利和义务	计价和分摊	列　报
1. 审计目标	A	B	C	D	E
2. 需从实质性程序获取的保证程度					

注：根据财务报表项目的重要性、评估的各认定的重大错报风险以及控制测试（如有）的结果填写。

二、实质性程序

审计目标	可供选择的实质性程序	是否选择	索引号
D	1. 获取或编制资本公积明细表，复核加计是否正确，并与报表数、总账数和明细账合计数核对是否相符。		4302－2
ADB	2. 根据资本公积明细账，对资本/股本溢价、接受捐赠实物资产、住房周转金转入、资产评估增值、投资准备的发生额逐项审查至原始凭证，并关注对当期应交所得税的影响；首次接受委托的单位，应对该明细项目期初余额进行追溯查验： （1）对资本/股本溢价，应取得董事会会议纪要、股东会决议、有关合同、政府批文，追查至银行收款等原始凭证，结合相关科目的审计，检查会计处理是否正确； （2）对接受捐赠的实物资产，验明是否按同类资产的市场价格或根据所提供的有关凭据确定的价值入账，并检查原计入资本公积的相关捐赠资产价值转入营业外收入的会计处理是否正确； （3）对住房周转金转入，应取得购买职工住房所有权或使用权的证明及相关文件资料以及住房基金备查簿，检查住房周转金转入数是否正确；		略

续表

审计目标	可供选择的实质性程序	是否选择	索引号
ADB	（4）对资产评估增值，应取得资产评估报告及相关文件，并据以检查会计处理是否正确； （5）对投资准备，检查对被投资单位外币折算等引起的所有者权益的变动，被审计单位是否已按其分享的份额，调整长期股权投资和资本公积的账面价值； （6）对资本公积转增资本/股本的，应取得股东会决议、董事会会议纪要、有关批文等，检查资本公积转增资本是否符合有关规定，会计处理是否正确。		略
	3. 针对评估的舞弊风险等因素增加的审计程序。		略
E	4. 检查资本公积是否按照企业会计制度的规定恰当列报。		略

资本公积审定表

被审计单位：	**索引号：** 4302－1
项目：	**截止日：**
编制：	**复核：**
日期：	**日期：**

项目名称	期末未审数	账项调整		重分类调整		期末审定数	上期末审定数	索引号
		借方	贷方	借方	贷方			
资本（或股本）溢价								
接受捐赠非现金资产准备								
接受现金捐赠								
股权投资准备								
拨款转入								
外币资本折算差额								
其他资本公积								
合　计								

审计结论：

资本公积明细表

被审计单位：	索引号：4302－2
项目：	截止日：
编制：	复核：
日期：	日期：

项目名称	期初余额	本期增加	本期减少	期末余额	备　　注
资本（或股本）溢价					
接受捐赠非现金资产准备					
接受现金捐赠					
股权投资准备					
拨款转入					
外币资本折算差额					
其他资本公积					
合　　计					

审计说明：

3. 盈余公积

盈余公积实质性程序

被审计单位：______	索引号：4303
项目：______	截止日：______
编制：______	复核：______
日期：______	日期：______

一、需从实质性程序获取的保证程度

项　　目	财务报表认定				
	存　在	完整性	权利和义务	计价和分摊	列　报
1. 审计目标	A	B	C	D	E
2. 需从实质性程序获取的保证程度					

注：根据财务报表项目的重要性、评估的各认定的重大错报风险以及控制测试（如有）的结果填写。

二、实质性程序

审计目标	可供选择的实质性程序	是否选择	索引号
D	1. 获取或编制盈余公积明细表，复核加计是否正确，并与报表数、总账数及明细账合计数核对是否相符。		4303－2
BA	2. 获取与盈余公积变动有关的董事会会议纪要、股东会决议以及政府主管部门、财政部门批复等文件资料，并与盈余公积明细表增减变动金额核对。		略
AD	3. 检查法定盈余公积和任意盈余公积的发生额： （1）检查法定盈余公积和任意盈余公积的计提顺序、计提基数、计提比例是否符合有关规定，会计处理是否正确； （2）取得董事会会议纪要、股东会决议，检查盈余公积的减少是否符合有关规定，会计处理是否正确。		略
AD	4. 如系外商投资企业，应对储备基金、企业发展基金的发生额逐项审查至原始凭证，审查增减变动是否符合有关规定，会计处理是否正确。		略
AD	5. 检查中外合作经营企业的利润归还投资是否符合相关法律法规的规定，会计处理是否正确。		略
	6. 针对评估的舞弊风险等因素增加的审计程序。		略
E	7. 检查盈余公积是否按照企业会计制度的规定恰当列报。		略

盈余公积审定表

被审计单位：	**索引号：** 4303－1
项目：	**截止日：**
编制：	**复核：**
日期：	**日期：**

项目名称	期末未审数	账项调整		重分类调整		期末审定数	上期末审定数	索引号
		借方	贷方	借方	贷方			
法定盈余公积								
任意盈余公积								
储备基金								
企业发展基金								
……								
合　计								

审计结论：

盈余公积明细表

被审计单位：	索引号： 4303－2
项目：	截止日：
编制：	复核：
日期：	日期：

项目名称	期初余额	本期增加	本期减少	期末余额	备　注
法定盈余公积					
任意盈余公积					
储备基金					
企业发展基金					
……					
合　计					

审计说明：

4. 未分配利润

未分配利润实质性程序

被审计单位：________	索引号：　4304
项目：________	截止日：________
编制：________	复核：________
日期：________	日期：________

一、需从实质性程序获取的保证程度

项　目	财务报表认定				
	存　在	完整性	权利和义务	计价和分摊	列　报
1. 审计目标	A	B	C	D	E
2. 需从实质性程序获取的保证程度					

注：根据财务报表项目的重要性、评估的各认定的重大错报风险以及控制测试（如有）的结果填写。

二、实质性程序

审计目标	可供选择的实质性程序	是否选择	索引号
D	1. 获取或编制未分配利润明细表，复核加计是否正确，与报表数、总账数及明细账合计数核对是否相符。		4304－1
DAB	2. 将未分配利润明细表的年初数与上年审定数核对是否相符，检查涉及会计政策变更、重大会计差错更正的董事会会议纪要、股东会及相关文件资料，查明调整后的年初未分配利润是否正确。		略
DAB	3. 检查以前年度损益调整的内容是否真实、合理，注意对以前年度所得税的影响。对重大调整事项应逐项核实发生原因、依据和有关资料，复核数据的正确性。		略
ABD	4. 将未分配利润明细表的本期净利润与审定后的利润表核对，获取与利润分配有关的董事会会议纪要、股东会决议，对照有关规定确认利润分配的合法性，并根据审定的净利润等项目重新计算。		略
D	5. 了解本年利润弥补以前年度亏损的情况，确定本期末未弥补亏损金额。		略
	6. 针对评估的舞弊风险等因素增加的审计程序。		略
E	7. 检查未分配利润是否按照企业会计制度的规定恰当列报。		略

未分配利润审定表

被审计单位：	索引号：4304－1
项目：	截止日：
编制：	复核：
日期：	日期：

项目名称	期末未审数	账项调整		期末审定数	上期末审定数	索引号
		借方	贷方			
一、上年年末余额						
加：会计政策变更						
重大会计差错更正						
二、本年年初余额（年初未分配利润）						
三、本期净利润						
四、利润分配						
减：1. 提取盈余公积						
2. 对所有者（股东）的分配						
3. 其他						
五、所有者权益内部结转						
加：1. 盈余公积弥补亏损						
2. 其他						
六、本年年末余额						
合　　计						

审计结论：

（四）损益类

1. 主营业务收入

主营业务收入实质性程序

被审计单位：________	索引号：4401
项目：________	期间：________
编制：________	复核：________
日期：________	日期：________

一、需从实质性程序获取的保证程度

项　　目	财务报表认定					
	发生	完整性	准确性	截止	分类	列报
1. 审计目标	A	B	C	D	E	F
2. 需从实质性程序获取的保证程度						

注：根据财务报表项目的重要性、评估的各认定的重大错报风险以及控制测试（如有）的结果填写。

二、实质性程序

审计目标	可供选择的实质性程序	是否选择	索引号
C	1. 获取或编制主营业务收入明细表，复核加计是否正确，并与报表数、总账数和明细账合计数核对是否相符。		4401－2
E	2. 检查主营业务收入的分类是否准确，前后期是否一致。		4401－2
AB	3. 实施实质性分析程序： （1）将本期的主营业务收入与上期的主营业务收入进行比较，分析产品销售的结构和价格变动是否异常，并分析异常变动的原因； （2）计算本期重要产品的毛利率，与上期比较，检查是否存在异常，各期之间是否存在重大波动，查明原因； （3）比较本期各月各类主营业务收入的波动情况，分析其变动趋势是否正常，是否符合被审计单位季节性、周期性的经营规律，查明异常现象和重大波动的原因； （4）将本期重要产品的毛利率与同行业企业进行对比分析，检查是否存在异常；		 4401－3 4401－4 4401－2 4401－4

续表

审计目标	可供选择的实质性程序	是否选择	索引号
AB	（5）结合应交税金项目的审计，根据增值税纳税申报表，估算全年收入，与实际收入金额比较。		4401－4
AB	4. 检查主营业务收入的确认方法是否符合企业会计制度的规定，前后期是否一致；关注周期性、偶然性的收入是否符合既定的收入确认方法。检查有无特殊的销售行为，如委托代销、分期收款销售、商品需要安装和检验的销售、附有退回条件的销售、售后租回、售后回购、以旧换新、出口销售等，其会计处理是否符合企业会计制度的规定。		略
C	5. 获取产品价格目录，抽查售价是否符合价格政策，并注意销售给关联方或关系密切的重要客户的产品价格是否合理，相互之间有无转移利润的现象。		略
B	6. 抽取____张发货单，审查出库日期、品名、数量等是否与发票、销售合同、记账凭证等一致。		略
AC	7. 抽取____张记账凭证，审查入账日期、品名、数量、单价、金额等是否与发票、发货单、销售合同等一致。		略
AC	8. 结合对应收账款项目的审计，选择主要客户函证本期销售额。		略
A	9. 对于出口销售，应当将销售记录与出口报关单、货运提单、销售发票等出口销售单据进行核对，必要时向海关函证。		略
D	10. 实施对销售的截止测试： （1）通过测试资产负债表日前后____天且金额大于____的发货单据，与主营业务收入明细账进行核对；同时，从主营业务收入明细账选取在资产负债表日前后____天且金额大于____的凭证，与发货单据核对，以确定销售是否存在跨期现象； （2）复核资产负债表日前后的销售和发货水平，确定业务活动水平是否异常（如与正常水平相比），并考虑是否有必要追加截止测试程序； （3）取得资产负债表日后所有的销售退回记录，检查是否存在提前确认收入的情况； （4）结合资产负债表日应收账款的函证程序，检查有无未取得对方认可的大额销售。		4401－5 4401－6
C	11. 检查以非记账本位币结算的主营业务收入的折算汇率及折算金额是否正确。		略
C	12. 存在销货退回的，结合原始销售凭证检查会计处理是否正确。		略
C	13. 检查销售折扣与折让： （1）获取或编制折扣与折让明细表，复核加计正确，并与明细账合计数核对相符； （2）取得被审计单位有关折扣与折让的具体规定和其他文件资料，并抽查较大的折扣与折让发生额的授权批准情况，与实际执行情况进行核对，检查其是否经授权批准，是否合法、真实； （3）销售折扣与折让是否及时足额提交对方，有无虚设中介、转移收入、私设账外“小金库”等情况； （4）检查折扣与折让的会计处理是否正确。		略

续表

审计目标	可供选择的实质性程序	是否选择	索引号
	14. 标明对关联方销售的金额，执行关联方及其交易审计程序。		略
	15. 针对评估的舞弊风险等因素增加的审计程序，如： （1）按月份或分部门从更细致的数据层面上实施分析程序； （2）通过函证或更直接的沟通方式向被审计单位的客户证实销售合同的部分或全部条款，以及是否存在附加协议； （3）就审计期间的销售和发货情况，特别是异常交易，询问除财务人员以外的其他人员； （4）在期末或接近期末，现场观察被审计单位的销售及发货情况，同时实施适当的截止测试，关注被审计单位对退货情形的处理及会计记录； （5）识别并分析异常的销售折扣，确定其得到批准； （6）针对大宗或异常销售，就销售价格、付款方式、信用条件、批准过程及合同其他条款分析其合理性； ……		略
F	16. 检查主营业务收入是否按照企业会计制度的规定恰当列报。		略

主营业务收入审定表

被审计单位：______________________　　**索引号：** 4401－1

项目：______________________　　**期间：**______________________

编制：______________________　　**复核：**______________________

日期：______________________　　**日期：**______________________

项目类别	本期未审数	账项调整		本期审定数	上期审定数	索引号
		借方	贷方			
合　　计						

审计结论：

主营业务收入明细表

被审计单位：	**索引号：** 4401－2
项目：	**期间：**
编制：	**复核：**
日期：	**日期：**

月份	主营业务收入明细项目										
	合计										
1月											
2月											
3月											
4月											
5月											
6月											
7月											
8月											
9月											
10月											
11月											
12月											
合计											
上期数											
变动额											
变动比例											

审计说明：

业务/产品销售分析表

被审计单位：________	索引号：4401－3
项目：________	期间：________
编制：________	复核：________
日期：________	日期：________

收入类别/产品名称	本期数				上期数				变动幅度			
	数量	主营业务收入	主营业务成本	毛利率	数量	主营业务收入	主营业务成本	毛利率	数量	主营业务收入	主营业务成本	毛利率
合　　计												

审计说明：

月度毛利率分析表

被审计单位：	索引号：4401－4
项目：	期间：
编制：	复核：
日期：	日期：

月份	本期数				上期数				变动幅度
	主营业务收入	主营业务成本	毛利	毛利率	主营业务收入	主营业务成本	毛利	毛利率	
1									
2									
3									
4									
5									
6									
7									
8									
9									
10									
11									
12									
合　计									

审计说明：

主营业务收入截止测试

被审计单位：	索引号：4401－5
项目：	期间：
编制：	复核：
日期：	日期：

从发货单到明细账

编号	发货单		发票内容					明细账				是否跨期 是（√）否（×）
	日期	号码	日期	客户名称	货物名称	销售额	税额	日期	凭证号	主营业务收入	应交税金	
截止日前												
截止日期：20×8年×月×日												
截止日后												

审计说明：

主营业务收入截止测试

被审计单位：________	索引号：4401－6
项目：________	期间：________
编制：________	复核：________
日期：________	日期：________

从明细账到发货单

<table>
<tr><th rowspan="2">编号</th><th colspan="4">明细账</th><th colspan="5">发票内容</th><th colspan="2">发货单</th><th rowspan="2">是否跨期
是（√）
否（×）</th></tr>
<tr><th>日期</th><th>凭证号</th><th>主营业务收入</th><th>应交税金</th><th>日期</th><th>客户名称</th><th>货物名称</th><th>销售额</th><th>税额</th><th>日期</th><th>号码</th></tr>
<tr><td></td><td></td><td></td><td></td><td></td><td></td><td></td><td></td><td></td><td></td><td></td><td></td><td></td></tr>
<tr><td></td><td></td><td></td><td></td><td></td><td></td><td></td><td></td><td></td><td></td><td></td><td></td><td></td></tr>
<tr><td></td><td></td><td></td><td></td><td></td><td></td><td></td><td></td><td></td><td></td><td></td><td></td><td></td></tr>
<tr><td></td><td></td><td></td><td></td><td></td><td></td><td></td><td></td><td></td><td></td><td></td><td></td><td></td></tr>
<tr><td></td><td></td><td></td><td></td><td></td><td></td><td></td><td></td><td></td><td></td><td></td><td></td><td></td></tr>
<tr><td></td><td></td><td></td><td></td><td></td><td></td><td></td><td></td><td></td><td></td><td></td><td></td><td></td></tr>
<tr><td colspan="13">截止日前
- - - - - - - - - - - - - - - -
截止日期：20×8年×月×日
- - - - - - - - - - - - - - - -
截止日后</td></tr>
<tr><td></td><td></td><td></td><td></td><td></td><td></td><td></td><td></td><td></td><td></td><td></td><td></td><td></td></tr>
<tr><td></td><td></td><td></td><td></td><td></td><td></td><td></td><td></td><td></td><td></td><td></td><td></td><td></td></tr>
<tr><td></td><td></td><td></td><td></td><td></td><td></td><td></td><td></td><td></td><td></td><td></td><td></td><td></td></tr>
<tr><td></td><td></td><td></td><td></td><td></td><td></td><td></td><td></td><td></td><td></td><td></td><td></td><td></td></tr>
<tr><td></td><td></td><td></td><td></td><td></td><td></td><td></td><td></td><td></td><td></td><td></td><td></td><td></td></tr>
<tr><td></td><td></td><td></td><td></td><td></td><td></td><td></td><td></td><td></td><td></td><td></td><td></td><td></td></tr>
</table>

审计说明：

2. 主营业务成本

主营业务成本实质性程序

被审计单位：		索引号：	4402
项目：		期间：	
编制：		复核：	
日期：		日期：	

一、需从实质性程序获取的保证程度

项　目	财务报表认定					
	发生	完整性	准确性	截止	分类	列报
1. 审计目标	A	B	C	D	E	F
2. 需从实质性程序获取的保证程度						

注：根据财务报表项目的重要性、评估的各认定的重大错报风险以及控制测试（如有）的结果填写。

二、实质性程序

审计目标	可供选择的实质性程序	是否选择	索引号
C	1. 获取或编制主营业务成本明细表，复核加计是否正确，并与报表数、总账数和明细账合计数核对是否相符。		4402－2
AB	2. 比较本期与上期各月主营业务成本的波动趋势，并查明异常情况的原因。		4402－3 4402－4
CE	3. 检查主营业务成本的内容和计算方法是否符合企业会计制度的规定，前后期是否一致。		略
C	4. 编制生产成本与主营业务成本倒轧表，并与相关科目交叉索引。		4402－5
AB	5. 抽查____月主营业务成本结转明细清单，比较计入主营业务成本的品种、规格、数量和主营业务收入的口径是否一致。		略
ABC	6. 针对主营业务成本中重大调整事项（如销售退回）、非常规项目，检查相关原始凭证以及会计处理是否正确。		略
E	7. 结合期间费用的审计，判断被审计单位是否通过将应计入生产成本的支出计入期间费用，或将应计入期间费用的支出计入生产成本等手段调节生产成本，从而调节主营业务成本。		略

续表

审计目标	可供选择的实质性程序	是否选择	索引号
D	8. 结合对主营业务收入和存货项目实施的截止测试，检查是否存在已发货并确认收入、但未结转主营业务成本，或未发货亦未确认收入、但已结转主营业务成本的情况。		略
	9. 针对评估的舞弊风险等因素增加的审计程序。		略
F	10. 检查主营业务成本是否按照企业会计制度的规定恰当列报。		略

主营业务成本审定表

被审计单位：	索引号：4402－1
项目：	期间：
编制：	复核：
日期：	日期：

项目名称	本期未审数	账项调整		本期审定数	上期审定数	索引号
		借方	贷方			
合　　计						

审计结论：

主营业务成本明细表

被审计单位：	**索引号：** 4402－2
项目：	**期间：**
编制：	**复核：**
日期：	**日期：**

月份	主营业务成本明细项目											
	合计											
1 月												
2 月												
3 月												
4 月												
5 月												
6 月												
7 月												
8 月												
9 月												
10 月												
11 月												
12 月												
合计												
上期数												
变动额												
变动比例												

审计说明：

主营业务成本与上年度比较分析表

被审计单位：＿＿＿＿＿＿＿＿ **索引号：** 4402－3

项目：＿＿＿＿＿＿＿＿ **期间：**＿＿＿＿＿＿＿＿

编制：＿＿＿＿＿＿＿＿ **复核：**＿＿＿＿＿＿＿＿

日期：＿＿＿＿＿＿＿＿ **日期：**＿＿＿＿＿＿＿＿

产品类别	本年度			上年度			差额			索引号	备注
	数量	平均单位成本	总成本	数量	平均单位成本	总成本	数量	平均单位成本	总成本		

审计说明：

主要产品单位主营业务成本分析表

被审计单位：	索引号：4402－4
项目：	期间：
编制：	复核：
日期：	日期：

月份	产品 A		产品 B		产品 C		产品……	
	单位营业成本	与全年平均数差额	单位营业成本	与全年平均数差额	单位营业成本	与全年平均数差额	单位营业成本	与全年平均数差额
1								
2								
3								
4								
5								
6								
7								
……								
12								
全年平均								

审计说明：

主营业务成本倒轧表

被审计单位：	索引号：4402－5
项目：	期间：
编制：	复核：
日期：	日期：

存货种类	未审数	审定数	索引号
期初原材料余额			
加：本期购货净额			
减：期末原材料余额			
减：其他原材料发出额			
直接材料成本			
加：直接人工成本			
加：制造费用			
产品生产成本			
加：在产品期初余额			
减：在产品期末余额			
减：其他在产品发出额			
库存商品成本			
加：库存商品期初余额			
减：库存商品期末余额			
减：其他库存商品发出额			
主营业务成本			

审计说明：

3. 主营业务税金及附加

主营业务税金及附加实质性程序

被审计单位：________	索引号：　4403
项目：________	期间：________
编制：________	复核：________
日期：________	日期：________

一、需从实质性程序获取的保证程度

项　　目	财务报表认定					
	发生	完整性	准确性	截止	分类	列报
1. 审计目标	A	B	C	D	E	F
2. 需从实质性程序获取的保证程度						

注：根据财务报表项目的重要性、评估的各认定的重大错报风险以及控制测试（如有）的结果填写。

二、实质性程序

审计目标	可供选择的实质性程序	是否选择	索引号
C	1. 获取或编制主营业务税金及附加明细表，复核加计是否正确，并与报表数、总账数和明细账合计数核对是否相符。		4403－1
BAE	2. 检查被审计单位获得税收减免或返还时的会计处理是否正确，依据是否充分、合法和有效。		略
ABCDE	3. 结合应交税金/其他应交款项目的审计，复核勾稽关系。		略
	4. 针对评估的舞弊风险等因素增加的审计程序。		略
F	5. 检查主营业务税金及附加是否按照企业会计制度的规定恰当列报。		略

主营业务税金及附加审定表

被审计单位：________	索引号：4403－1
项目：________	期间：________
编制：________	复核：________
日期：________	日期：________

项目名称	本期未审数	账项调整		本期审定数	上期审定数	索引号
		借方	贷方			
营业税						
消费税						
资源税						
出口关税						
城市维护建设税						
教育费附加						
……						
合　计						

审计结论：

4. 其他业务利润

其他业务利润实质性程序

被审计单位：________	索引号：4404
项目：________	期间：________
编制：________	复核：________
日期：________	日期：________

一、需从实质性程序获取的保证程度

项　　目	财务报表认定					
	发生	完整性	准确性	截止	分类	列报
1. 审计目标	A	B	C	D	E	F
2. 需从实质性程序获取的保证程度						

注：根据财务报表项目的重要性、评估的各认定的重大错报风险以及控制测试（如有）的结果填写。

二、实质性程序

审计目标	可供选择的实质性程序	是否选择	索引号
（一）其他业务收入			
C	1. 获取或编制其他业务收入明细表，复核加计数是否正确，并与总账数和明细账合计数核对是否相符，结合其他业务支出科目与其他业务利润报表数核对是否相符。		4404－2
ACE	2. 检查原始凭证等相关资料，分析交易的实质，确定其是否符合收入确认的条件，并检查其会计处理是否正确。		略
B	3. 询问被审计单位废料处理情况，关注销售废料收入是否已按照规定进行了会计处理。		略
D	4. 必要时，从其他业务收入明细账选取在资产负债表日前后____天且金额大于____的凭证，与发货单据核对，以确定其他业务收入是否存在跨期现象。		略
	5. 针对评估的舞弊风险等因素增加的审计程序。		略
（二）其他业务支出			
C	6. 获取或编制其他业务支出明细表，复核加计正确，并与总账数和明细账合计数核对相符，结合其他业务收入科目与其他业务利润报表数核对是否相符。		4404－2

续表

审计目标	可供选择的实质性程序	是否选择	索引号
AB	7. 与上期其他业务收入/支出比较，检查是否有重大波动，如有，应查明原因。		4404－2
ACE	8. 抽查其他业务支出的原始凭证，检查其会计处理是否正确。		略
D	9. 结合对其他业务收入的截止测试，检查其他业务支出是否存在跨期。		略
	10. 针对评估的舞弊风险等因素增加的审计程序。		略
（三）列报			
F	11. 检查其他业务利润是否按照企业会计制度的规定恰当列报。		略

其他业务利润审定表

被审计单位：		索引号：	4404－1
项目：		期间：	
编制：		复核：	
日期：		日期：	

项目类别	本期未审数	账项调整		本期审定数	上期审定数	索引号
		借方	贷方			
出租固定资产						
出租无形资产						
出租包装物和商品						
销售材料						
……						
其他业务收入小计						
出租固定资产						
出租无形资产						
出租包装物和商品						
销售材料						
……						
其他业务支出小计						
出租固定资产						
出租无形资产						
出租包装物和商品						
销售材料						
……						
其他业务利润合计						

审计结论：

其他业务利润明细表

被审计单位：		索引号：	4404－2
项目：		期间：	
编制：		复核：	
日期：		日期：	

项　　目	上期数			本期数		
	其他业务收入	其他业务支出	其他业务利润	其他业务收入	其他业务支出	其他业务利润
出租固定资产						
出租无形资产						
出租包装物和商品						
销售材料						

审计说明：

5. 营业费用

营业费用实质性程序

被审计单位：＿＿＿＿	索引号：4405
项目：＿＿＿＿	期间：＿＿＿＿
编制：＿＿＿＿	复核：＿＿＿＿
日期：＿＿＿＿	日期：＿＿＿＿

一、需从实质性程序获取的保证程度

项　　目	财务报表认定					
	发生	完整性	准确性	截止	分类	列报
1. 审计目标	A	B	C	D	E	F
2. 需从实质性程序获取的保证程度						

注：根据财务报表项目的重要性、评估的各认定的重大错报风险以及控制测试（如有）的结果填写。

二、实质性程序

审计目标	可供选择的实质性程序	是否选择	索引号
C	1. 获取或编制营业费用明细表： （1）复核加计数是否正确，并与报表数、总账数和明细账合计数核对是否相符； （2）将营业费用中的工资、折旧等与相关的资产、负债科目核对，检查其勾稽关系的合理性。		4405－2
AB	2. 实施实质性分析程序： （1）计算分析各个月份营业费用总额及主要项目金额占主营业务收入的比率，并与上期进行比较，判断变动的合理性； （2）计算分析各个月份营业费用中主要项目的发生额及占营业费用总额的比率，并与上期进行比较，判断其变动的合理性。		略
E	3. 检查营业费用明细项目是否与被审计单位销售商品和材料、提供劳务以及专设的销售机构发生的费用有关。		4405－2
AC	4. 检查销售佣金支出是否符合规定，是否取得有效的原始凭证；如超过规定限额，是否按规定进行了纳税调整。		略

续表

审计目标	可供选择的实质性程序	是否选择	索引号
AC	5. 检查广告费、业务宣传费、业务招待费的支出是否合理，审批手续是否健全，是否取得有效的原始凭证；如超过规定限额，是否在计算应纳税所得额时调整。		略
BC	6. 结合预计负债项目审计，检查由产品质量保证产生的预计负债，是否按确定的金额进行会计处理。		略
AC	7. 选择重要或异常的营业费用，检查营业费用各项目开支标准是否符合有关规定，开支内容是否与被审计单位的产品销售或专设销售机构的经费有关，计算是否正确，原始凭证是否合法，会计处理是否正确。		略
D	8. 抽取资产负债表日前后____天的____张凭证，实施截止测试，如存在异常迹象，考虑是否有必要追加审计程序。		4405－3
	9. 针对评估的舞弊风险等因素增加相应的审计程序。		略
F	10. 检查营业费用是否按照企业会计制度的规定恰当列报。		略

营业费用审定表

被审计单位：	索引号：4405－1
项目：	期间：
编制：	复核：
日期：	日期：

项目名称	本期未审数	账项调整		本期审定数	上期审定数	索引号
		借方	贷方			
专设销售机构职工工资、福利费						
业务费						
折旧费						
保险费						
包装费						
展览费						
广告费						
商品维修费						
预计产品质量保证损失						
运输费						
装卸费						
……						
合　　计						

审计结论：

营业费用明细表

被审计单位：	索引号：　4405－2
项目：	期间：
编制：	复核：
日期：	日期：

月份	营业费用明细项目											
	合计											
1月												
2月												
3月												
4月												
5月												
6月												
7月												
8月												
9月												
10月												
11月												
12月												
合计												
上期数												
变动额												
变动比例												

审计说明：

营业费用截止测试

被审计单位：________	索引号：4405－3
项目：________	期间：________
编制：________	复核：________
日期：________	日期：________

日期	凭证号	内容	对应科目	金额	是否跨期 是（√）否（×）
截止日前					
截止日期：20×8年×月×日					
截止日后					

审计说明：

6. 管理费用

管理费用实质性程序

被审计单位：________	索引号：4406
项目：________	期间：________
编制：________	复核：________
日期：________	日期：________

一、需从实质性程序获取的保证程度

项　　目	财务报表认定					
	发生	完整性	准确性	截止	分类	列报
1. 审计目标	A	B	C	D	E	F
2. 需从实质性程序获取的保证程度						

注：根据财务报表项目的重要性、评估的各认定的重大错报风险以及控制测试（如有）的结果填写。

二、实质性程序

审计目标	可供选择的实质性程序	是否选择	索引号
C	1. 获取或编制管理费用明细表： （1）复核加计是否正确，并与报表数、总账数及明细账合计数核对是否相符； （2）将管理费用中的工资、福利费、无形资产摊销等项目与各有关账户进行核对，分析其勾稽关系的合理性，并作出相应记录。		4406－2
AB	2. 实施实质性分析程序： （1）计算分析管理费用中各项目发生额及占费用总额的比率，将本期、上期管理费用各主要明细项目作比较分析，判断其变动的合理性； （2）将管理费用实际金额与预算金额进行比较； （3）比较本期各月份管理费用，对有重大波动和异常情况的项目应查明原因，必要时作适当处理。		4406－2
E	3. 检查管理费用明细项目的设置是否符合规定的核算内容与范围，结合成本费用的审计，检查是否存在费用分类错误。		4406－2
AC	4. 检查公司经费（包括行政管理部门职工薪酬、物料消耗、低值易耗品摊销、办公费和差旅费）是否系经营管理中发生或应由公司统一负担，检查相关费用报销内部管理办法，是否有合法原始凭证支持。		略

续表

审计目标	可供选择的实质性程序	是否选择	索引号
AC	5. 查阅相关董事会及股东会决议，检查董事会费（包括董事会成员津贴、会议费和差旅费等），是否在合规范围内开支，是否有合法原始凭证支持。		略
ABC	6. 查阅相关合同，检查聘请中介机构费、咨询费（含顾问费）是否按合同规定支付。		略
AC	7. 检查诉讼费用是否有合法原始凭证支持。		略
AC	8. 检查业务招待费的支出是否合理，审批手续是否健全，是否取得有效的原始凭证；如超过规定限额，是否在计算应纳税所得额时调整。		略
C	9. 复核本期发生的矿产资源补偿费、房产税、土地使用税、印花税等税费计算是否正确。		略
B	10. 结合相关资产的检查，确认筹建期间发生的开办费（包括人员工资、办公费、培训费、差旅费、印刷费、注册登记费以及不计入固定资产成本的借款费用等）是否在开始生产经营的当月起一次计入开始生产经营当月的管理费用。		略
BAC	11. 针对特殊行业，检查排污费等环保费用是否合理计提。		略
ACE	12. 选择重要或异常的管理费用，检查费用的开支标准是否符合有关规定，计算是否正确，原始凭证是否合法，会计处理是否正确。		略
D	13. 抽取资产负债表日前后____天的____张凭证，实施截止测试，如存在异常迹象，考虑是否有必要追加审计程序，对于重大跨期项目，应提请被审计单位作出必要调整。		4406－3
	14. 针对评估的舞弊风险等因素增加的审计程序。		略
F	15. 检查管理费用是否按照企业会计制度的规定恰当列报。		略

管理费用审定表

被审计单位：	索引号：4406－1
项目：	期间：
编制：	复核：
日期：	日期：

项目名称	本期未审数	账项调整		本期审定数	上期审定数	索引号
		借方	贷方			
1. 公司经费						
（1）职工工资						
（2）福利费						
（3）物料消耗						
（4）低值易耗品摊销						
（5）办公费						
（6）差旅费						
2. 工会经费						
3. 董事会费						
4. 聘请中介机构费						
5. 咨询费（含顾问费）						
6. 诉讼费						
7. 业务招待费						
8. 房产税						
9. 车船税						
10. 土地使用税						
11. 印花税						
12. 技术转让费						
13. 矿产资源补偿费						
14. 排污费						
15. 开办费摊销						
16. 存货盘盈或盘亏						
17. 计提的坏账准备						
18. 计提的存货跌价准备						
……						
合　计						

审计结论：

管理费用明细表

被审计单位：	索引号：4406－2
项目：	期间：
编制：	复核：
日期：	日期：

月份	管理费用明细项目											
	合计											
1月												
2月												
3月												
4月												
5月												
6月												
7月												
8月												
9月												
10月												
11月												
12月												
合计												
上期数												
变动额												
变动比例												

审计说明：

管理费用截止测试

被审计单位：		索引号：	4406－3
项目：		期间：	
编制：		复核：	
日期：		日期：	

日期	凭证号	内容	对应科目	金额	是否跨期 是（√）否（×）
截止日前					
截止日期：20×8年×月×日					
截止日后					

审计说明：

7. 财务费用

财务费用实质性程序

被审计单位：________	索引号：4407
项目：________	期间：________
编制：________	复核：________
日期：________	日期：________

一、需从实质性程序获取的保证程度

项　　目	财务报表认定					
	发生	完整性	准确性	截止	分类	列报
1. 审计目标	A	B	C	D	E	F
2. 需从实质性程序获取的保证程度						

注：根据财务报表项目的重要性、评估的各认定的重大错报风险以及控制测试（如有）的结果填写。

二、实质性程序

审计目标	可供选择的实质性程序	是否选择	索引号
C	1. 获取或编制财务费用明细表，复核其加计数是否正确，并与报表数、总账数和明细账合计数核对是否相符。		4407 - 2
AB	2. 实施实质性分析程序： （1）将本期财务费用各明细项目与上期进行对比，必要时比较本期各月份财务费用，如有重大波动和异常情况应追查原因； （2）计算借款平均实际利率并同以前年度及市场平均利率相比较； （3）根据借款平均余额、平均利率测算当期利息费用和应付利息，并与账面记录进行比较； （4）根据银行存款平均余额和存款平均利率复核利息收入。		略
E	3. 检查财务费用明细项目的设置是否符合规定的核算内容与范围，是否划清财务费用与其他费用的界限。		4407 - 2
ABC	4. 检查利息支出： （1）结合长短期借款审计，检查各项借款期末应计利息有无入账，财务费用中是否包括为购建或生产满足资本化条件的资产发生的应予资本化的借款费用；		略

续表

审计目标	可供选择的实质性程序	是否选择	索引号
ABC	（2）审查现金折扣的会计处理是否正确； （3）检查融资租入的固定资产，采用实际利率法分期摊销未确认融资费用时计入财务费用数是否正确； （4）检查应收票据贴现息的计算与会计处理是否正确。		略
AC	5. 检查利息收入原始凭证，注意从其他企业或非银行金融机构取得的利息收入是否按规定计缴营业税。		略
C	6. 检查汇兑损益的计算方法和所用汇率是否正确，前后期是否一致。		略
AC	7. 检查“财务费用——其他”项目的原始凭证。		略
D	8. 抽取资产负债表日前后____天的____张凭证，实施截止测试，如存在异常迹象，考虑是否有必要追加审计程序。		4407－3
	9. 针对评估的舞弊风险等因素增加的审计程序。		略
F	10. 检查财务费用是否按照企业会计制度的规定恰当列报。		略

财务费用审定表

被审计单位：________	索引号：4407－1
项目：________	期间：________
编制：________	复核：________
日期：________	日期：________

项目名称	本期 未审数	账项调整		本期 审定数	上期 审定数	索引号
		借方	贷方			
利息支出						
减：利息收入						
利息净支出						
汇兑损失						
减：汇兑收益						
汇兑净损失						
银行手续费						
其他						
合　　计						

审计结论：

财务费用明细表

被审计单位：________ 索引号： 4407－2

项目：________ 期间：________

编制：________ 复核：________

日期：________ 日期：________

月份	合计	利息支出	利息收入	利息净支出	汇兑损失	汇兑收益	汇兑净损失	银行手续费	其他
	①＝④＋⑦＋⑧＋⑨	②	③	④＝②－③	⑤	⑥	⑦＝⑤－⑥	⑧	⑨
1月									
2月									
3月									
4月									
5月									
6月									
7月									
8月									
9月									
10月									
11月									
12月									
合计									
上期数									
变动额									
变动比例									

审计说明：

财务费用截止测试

被审计单位：______	索引号：4407－3
项目：______	期间：______
编制：______	复核：______
日期：______	日期：______

日期	凭证号	内容	对应科目	金额	是否跨期 是（√）否（×）
截止日前					
截止日期：20×8年×月×日					
截止日后					

审计说明：

8. 投资收益

投资收益实质性程序

被审计单位：		索引号：	4408
项目：		期间：	
编制：		复核：	
日期：		日期：	

一、需从实质性程序获取的保证程度

项　　目	财务报表认定					
	发生	完整性	准确性	截止	分类	列报
1. 审计目标	A	B	C	D	E	F
2. 需从实质性程序获取的保证程度						

注：根据财务报表项目的重要性、评估的各认定的重大错报风险以及控制测试（如有）的结果填写。

二、实质性程序

审计目标	可供选择的实质性程序	是否选择	索引号
C	1. 获取或编制投资收益分类明细表： （1）复核加计是否正确，并与报表数、总账数和明细账合计数核对是否相符； （2）检查非记账本位币投资收益的折算汇率及折算是否正确。		略
E	2. 检查投资收益明细项目设置是否符合规定的核算内容。		略
CAB	3. 结合短期投资、长期股权投资、长期债权投资等的相关项目的审计，验证确定投资收益的记录是否充分、准确。		略
D	4. 结合投资等项目的审计，确定投资收益是否被记入正确的会计期间。		略
F	5. 检查投资协议等文件，确定国外的投资收益汇回是否存在重大限制，如存在重大限制，应提请被审计单位说明原因，并作出恰当披露。		略
	6. 针对评估的舞弊风险等因素增加的审计程序。		略
F	7. 检查投资收益是否按照企业会计制度的规定恰当列报。		略

投资收益审定表

被审计单位：＿＿＿＿＿＿	索引号：4408－1
项目：＿＿＿＿＿＿	期间：＿＿＿＿＿＿
编制：＿＿＿＿＿＿	复核：＿＿＿＿＿＿
日期：＿＿＿＿＿＿	日期：＿＿＿＿＿＿

项目名称	本期 未审数	账项调整		本期 审定数	上期 审定数	索引号
		借方	贷方			
合　　计						

审计结论：

9. 补贴收入

补贴收入实质性程序

被审计单位：		索引号：	4409
项目：		期间：	
编制：		复核：	
日期：		日期：	

一、需从实质性程序获取的保证程度

项　　目	财务报表认定					
	发生	完整性	准确性	截止	分类	列报
1. 审计目标	A	B	C	D	E	F
2. 需从实质性程序获取的保证程度						

注：根据财务报表项目的重要性、评估的各认定的重大错报风险以及控制测试（如有）的结果填写。

二、实质性程序

审计目标	可供选择的实质性程序	是否选择	索引号
C	1. 获取或编制补贴收入明细表，复核加计正确，与报表数、总账数及明细账合计数核对是否相符。		略
ABDE	2. 逐项检查补贴收入是否具备主管财政机关或其他部门的补贴依据或拨款文件以及证明资料，并取证。		略
CE	3. 逐项复核补贴收入的性质、金额及会计处理是否正确。 （1）对于按销量或工作量等和国家规定的补助定额计算并按期给予的定额补贴，检查其是否按权责发生制进行核算； （2）对于其他形式的补贴（包括退还的增值税），检查其是否于实际收到时计入补贴收入，有无提前或滞后确认，必要时提请被审计单位予以调整。		略
	4. 针对评估的舞弊风险等因素增加的审计程序。		略
F	5. 检查补贴收入是否按照企业会计制度的规定恰当列报。		略

补贴收入审定表

被审计单位：＿＿＿＿	索引号：4409－1
项目：＿＿＿＿	期间：＿＿＿＿
编制：＿＿＿＿	复核：＿＿＿＿
日期：＿＿＿＿	日期：＿＿＿＿

项目名称	本期未审数	账项调整		本期审定数	上期审定数	索引号
		借方	贷方			
合　计						

审计结论：

10. 营业外收入

营业外收入实质性程序

被审计单位：______	索引号：4410
项目：______	期间：______
编制：______	复核：______
日期：______	日期：______

一、需从实质性程序获取的保证程度

项目	财务报表认定					
	发生	完整性	准确性	截止	分类	列报
1. 审计目标	A	B	C	D	E	F
2. 需从实质性程序获取的保证程度						

注：根据财务报表项目的重要性、评估的各认定的重大错报风险以及控制测试（如有）的结果填写。

二、实质性程序

审计目标	可供选择的实质性程序	是否选择	索引号
C	1. 获取或编制营业外收入明细表，复核加计数是否正确，并与报表数、总账数和明细账合计数核对是否相符。		略
E	2. 检查营业外收入明细项目的设置是否符合规定的核算内容与范围，是否划清营业外收入与其他收入的界限。		略
ABC	3. 结合相关非流动资产的审计，检查非流动资产处置收益，是否在授权范围内履行了必要的批准程序，抽查相关原始凭证，审核其内容的真实性和依据的充分性，检查会计处理是否符合相关规定。		略
ABC	4. 结合固定资产等相关资产的盘点及监盘资料，检查盘盈金额计算是否正确，是否获得必要审批程序，抽查相关原始凭证，审核其内容的真实性和依据的充分性，检查会计处理是否符合相关规定。		略
ABC	5. 结合相关科目审计，检查其他营业外收入入账金额及会计处理是否正确。		略
D	6. 必要时，抽取资产负债表日前后____天的____张凭证，实施截止测试，如存在异常迹象，考虑是否有必要追加审计程序。		略

续表

审计目标	可供选择的实质性程序	是否选择	索引号
	7. 针对评估的舞弊风险等因素增加的审计程序。		略
F	8. 检查营业外收入是否按照企业会计制度的规定恰当列报。		略

营业外收入审定表

被审计单位：	索引号： 4410－1
项目：	期间：
编制：	复核：
日期：	日期：

项目名称	本期未审数	账项调整		本期审定数	上期审定数
		借方	贷方		
1. 固定资产盘盈					
2. 处置固定资产净收益					
3. 非货币性交易收益					
4. 出售无形资产收益					
5. 罚款净收入					
6. 其他					
……					
合　计					

审计结论：

11. 营业外支出

营业外支出实质性程序

被审计单位：____________	索引号：4411
项目：____________	期间：____________
编制：____________	复核：____________
日期：____________	日期：____________

一、需从实质性程序获取的保证程度

项　　目	财务报表认定					
	发生	完整性	准确性	截止	分类	列报
1. 审计目标	A	B	C	D	E	F
2. 需从实质性程序获取的保证程度						

注：根据财务报表项目的重要性、评估的各认定的重大错报风险以及控制测试（如有）的结果填写。

二、实质性程序

审计目标	可供选择的实质性程序	是否选择	索引号
C	1. 获取或编制营业外支出明细表，复核其加计数是否正确，并与报表数、总账数和明细账合计数核对是否相符。		略
E	2. 检查营业外支出明细项目的设置是否符合规定的核算内容与范围，是否划清营业外支出与其他费用的界限。		略
ABC	3. 结合固定资产清理、无形资产等的审计，检查非流动资产处置损失的金额和有关会计处理是否正确。		略
ABC	4. 结合长期资产项目（固定资产、在建工程、无形资产）的审计，检查资产减值损失是否在授权范围内履行了必要的批准程序，并抽查相关原始凭证，审核内容的真实性和依据的充分性，检查会计处理是否符合相关规定。		略
ABC	5. 结合债务重组的审计，检查债务重组损失的金额和有关会计处理是否正确。		略
ABC	6. 检查公益性捐赠支出的会计处理是否正确，注意公益性捐赠资产已计提的减值准备是否结转。检查公益救济性捐赠是否按税法规定进行企业所得税纳税调整。		略

续表

审计目标	可供选择的实质性程序	是否选择	索引号
ABC	7. 对非常损失应详细检查有关资料、被审计单位实际损失和保险理赔情况及审批文件。检查会计处理是否正确。		略
ABC	8. 对因盘亏、毁损的资产发生的净损失，检查是否按管理权限报经批准后处理，会计处理是否正确。		略
BAC	9. 结合预计负债的审计，对由对外提供担保、未决诉讼、重组义务产生的预计负债，应取得担保合同、仲裁或法院判决书等，检查计入营业外支出的金额是否适当，有关会计处理是否正确。		略
A	10. 检查非公益性捐赠支出、税收滞纳金、罚金、罚款支出、各种赞助费支出是否进行应纳税所得额调整。		略
D	11. 必要时，抽取资产负债表日前后____天的____张凭证，实施截止测试，如存在异常迹象，考虑是否有必要追加审计程序。		略
	12. 针对评估的舞弊风险等因素增加的审计程序。		略
E	13. 检查营业外支出是否按照企业会计制度的规定恰当列报。		略

营业外支出审定表

被审计单位：	索引号：4411－1
项目：	期间：
编制：	复核：
日期：	日期：

项目名称	本期未审数	账项调整		本期审定数	上期审定数	索引号
		借方	贷方			
1. 固定资产盘亏						
2. 处置固定资产净损失						
3. 出售无形资产损失						
4. 债务重组损失						
5. 固定资产减值准备						
6. 无形资产减值准备						
7. 在建工程减值准备						
8. 罚款支出						
9. 捐赠支出						
10. 非常损失						
11. 其他						
……						
合　计						

审计结论：

12. 所得税

所得税实质性程序

被审计单位：		索引号：	4412
项目：		期间：	
编制：		复核：	
日期：		日期：	

一、需从实质性程序获取的保证程度

项　　目	财务报表认定					
	发生	完整性	准确性	截止	分类	列报
1. 审计目标	A	B	C	D	E	F
2. 需从实质性程序获取的保证程度						

注：根据财务报表项目的重要性、评估的各认定的重大错报风险以及控制测试（如有）的结果填写。

二、实质性程序

审计目标	可供选择的实质性程序	是否选择	索引号
C	1. 获取或编制所得税明细表，复核加计是否正确，并与报表数、总账数和明细账合计数核对是否相符。		略
CAB	2. 根据审计结果和税法规定，核实当期的纳税调整事项，确定应纳税所得额，结合应交税金——应交所得税的审计，计算当期所得税，检查会计处理是否正确如存在税前可抵扣的亏损，应检查形成亏损的年份与金额，必要时，取得经税务机关审核的前5年应纳税所得额，确定当期可抵扣亏损额。		略
BCE	3. 检查当期直接冲减所得税费用的事项，依据是否充分，会计处理是否正确。		略
	4. 针对评估的舞弊风险等因素增加相应的审计程序。		略
F	5. 检查所得税是否按照企业会计制度的规定恰当列报。		略

所得税审定表

被审计单位：________	索引号：4412－1
项目：________	期间：________
编制：________	复核：________
日期：________	日期：________

项目名称	本期未审数	账项调整		本期审定数	上期审定数	索引号
		借方	贷方			

审计结论：

三、细节测试通用工作底稿

选取测试项目（细节测试）工作底稿编制说明

本工作底稿供注册会计师在细节测试中确定测试范围时使用。在设计审计程序时，注册会计师应当确定选取测试项目的适当方法，以获取充分、适当的审计证据，实现审计程序的目标。注册会计师可以使用的方法包括选取全部项目、选取特定项目和审计抽样。注册会计师可以根据具体情况，单独或综合使用选取测试项目的三种方法。

一、选取全部项目

当存在下列情形之一时，注册会计师应当考虑选取全部项目进行测试：

（一）总体由少量的大额项目构成；

（二）存在特别风险且其他方法未提供充分、适当的审计证据；

（三）由于信息系统自动执行的计算或其他程序具有重复性，对全部项目进行检查符合成本效益原则。

二、选取特定项目

根据对被审计单位的了解、评估的重大错报风险以及所测试总体的特征等，注册会计师可以确定从总体中选取特定项目进行测试。

选取的特定项目可能包括：

（一）大额或关键项目；

（二）超过某一金额的全部项目；

（三）被用于获取某些信息的项目；

（四）被用于测试控制活动的项目。

根据判断选取特定项目，容易产生非抽样风险。选取特定项目实施检查，通常是获取审计证据的有效手段，但并不构成审计抽样。对按照这种方法所选取的项目实施审计程序的结果，不能推断至整个总体。当总体的剩余部分重大时，注册会计师应当考虑是否需要针对该剩余部分获取充分、适当的审计证据。

三、审计抽样

在细节测试中实施审计抽样，目的在于通过对总体中具有代表性的一部分项目实施审计程序从而评价总体的某个特征。注册会计师可以根据样本的测试结果推断未测试项目的结果。

注册会计师在下列情况下可能使用审计抽样来确定实施审计程序的范围：

（一）对于需要测试的账户余额或交易事项缺乏特别的了解；

（二）总体中项目太多而导致无法逐项测试；

（三）逐项测试总体项目需要耗费大量成本。

注册会计师应当在本工作底稿中记录实施细节测试时使用审计抽样的过程及结果。审计抽样主要包括样本设计、选取样本并实施审计程序、评价样本结果三个阶段。在样本设计阶段，注册会计师首先确定测试目标，并根据测试目标定义总体、抽样单元和错报，然后确定适当的样本规模；在选取样本并实施审计程序阶段，注册会计师从总体中选出所需的代表性样本，并针对选取的每个项目实施适合于具体审计目标的审计程序；在评价样本结果阶段，注册会计师对样本中发现的错报分析其性质和原因，并根据样本错报推断总体错报，从而对总体相关特征作出结论。

通用凭证检查表

被审计单位：________	索引号：________
项目：________	期间：________
编制：________	复核：________
日期：________	日期：________

序号	记账日期	凭证编号	业务内容	对应科目	金额	检查内容（用“√”、“×”表示）					备注
						①	②	③	④	⑤	
1											
2											
3											
4											
5											
6											
7											
8											
9											
10											
11											
12											
13											
14											
15											
16											
17											
18											
……											
25											
核对内容说明：											
选取测试项目的方法（请在相应选择部分后打“√”） 1. 选取全部项目 2. 选取特定项目，具体描述为：________。 3. 审计抽样											

审计说明：

细节测试审计抽样

被审计单位：______	索引号：______
项目：______	截止日/期间：______
编制：______	复核：______
日期：______	日期：______

一、样本设计

1. 确定测试目标

账户名称：　应收账款

账户数量：　1 651 个（剔除贷方余额账户和零余额账户）

账面金额：　2 410 000 元

账户层次重要性水平①：　280 000 元

测试目标：　通过应收账款函证测试应收账款的存在认定

2. 定义总体与抽样单元

总体：　20×8 年 12 月 31 日剔除贷方余额账户和零余额账户以及剔除单个重大项目和极不重要项目之后的应收账款余额

代表总体的实物：　20×8 年 12 月 31 日剔除单个重大项目和极不重要项目之后的应收账款借方余额明细账账户

抽样单元：　每个应收账款明细账账户

定义重大项目：　账面金额在 140 000 元以上的所有应收账款明细账账户

对重大项目实施审计程序：　工作底稿索引号②：

定义极不重要项目：　账面金额在 1 000 元以下的所有应收账款明细账账户

对极不重要项目实施审计程序：　不实施审计程序

项目分类	项目数量	总金额（元）
重大项目	1	200 000
极不重要项目	150	10 000
抽样总体	1 500	2 200 000
合计	1 651	2 400 000

3. 定义错报

被审计单位不能合理解释并提供相应依据的、应收账款账面金额与注册会计师实施抽样所获得的审计证据所支持的金额之间的差异（高估）。错报不包括明细账户之间的误记、在途款项，以及被审计单位已经修改的差异。

① 假设注册会计师初步确定的被审计单位财务报表层次重要性水平为 280 000 元。

② 索引到应收账款函证工作底稿。

续表

4. 确定样本规模 可容忍错报①：　140 000 元 重大错报风险评估水平：　中 针对同一认定的其他实质性程序的检查风险：　高 样本规模②：　36

二、选取样本并实施审计程序

1. 选取样本

是否分层：　是

样本分层表

层	层账面总额（元）	层账户数量（个）	层样本规模（个）
第 1 层	1 120 000	300	18
第 2 层	1 080 000	1 200	18
合计	2 200 000	1 500	36

选择哪种选样方法（随机数选样/系统选样/随意选样/PPS 选样）：　随机数选样

样本编号列表：

……

2. 实施审计程序　　工作底稿索引号③：

样本错报汇总表

层	层样本账面总额（元）	层样本错报额（元）	层样本错报数量（个）
第 1 层	124 900	2 400	2
第 2 层	30 500	550	1
合计	155 400	2 950	3

测试单个重大项目发现的错报：　1 034 元

三、评价样本结果

1. 分析错报的性质和原因 是否存在舞弊：　否　　工作底稿索引号： 是否修改对控制运行有效性的评估结果：　否　　工作底稿索引号：
2. 推断总体 样本错报额（A）：2 950 元 推断的总体错报额（B）：　38 046 元

① 注册会计师根据被审计单位特点、风险评估结果和内部控制运行有效性等因素确定一个可容忍错报水平，通常等于重要性水平的 50% ~70%。

② 参见附录。

③ 索引到应收账款函证工作底稿。

续表

[∑（层样本错报额÷层样本账面总额×层账面总额－层样本错报额）] 测试单个重大项目发现的错报（C）：　1 034 元 错报总额（A+B+C）：　42 030 元
3. 得出总体结论 总体是否存在重大错报：　否 是否扩大测试范围：　否　　　工作底稿索引号： 是否针对同一认定实施其他审计程序：　否　　　工作底稿索引号： 审计结论： 应收账款的存在认定不存在重大错报。

附录：

保证系数表

重大错报风险	其他实质性程序的检查风险		
	高	中	低
高	3.0	2.3	1.9
中	2.3	1.9	1.6
低	1.9	1.6	1.2

上表中的“重大错报风险”是指注册会计师评估的各类交易、账户余额、列报认定层次的重大错报风险，分为“高”、“中”、“低”三个水平。上表中的“其他实质性程序的检查风险”是指用于测试相同认定的其他实质性程序（如分析程序）未能发现该认定中重大错报的风险，分为“高”、“中”、“低”三个水平。当没有针对相同认定实施其他实质性程序，或针对相同认定的其他实质性程序不能发现该认定中的重大错报时，“其他实质性程序的检查风险”评估为“高”；当预计针对相同认定的其他实质性程序能在一定程度上发现该认定中的重大错报但并非十分有效时，“其他实质性程序的检查风险”评估为“中”；当预计针对相同认定的其他实质性程序能够有效地发现该认定中的重大错报时，“其他实质性程序的检查风险”评估为“低”。注册会计师根据评估的重大错报风险和其他实质性程序的检查风险，从上表中选择适当的保证系数，并使用下列公式估计样本规模：

样本规模＝抽样总体账面金额÷可容忍错报×保证系数

根据上述公式计算的样本规模是在预计没有错报时细节测试的最低样本数量。

第四部分

其他项目工作底稿

一、对被审计单位违反法规行为的考虑

对被审计单位违反法规行为的考虑

被审计单位：______	索引号：5100
项目：______	截止日/期间：______
编制：______	复核：______
日期：______	日期：______

一、审计目标

考虑被审计单位是否存在违反法规行为及其对财务报表的影响。

二、审计程序

审计程序	计划及实施的程序	
	索引号	执行人
1. 实施下列进一步审计程序，识别被审计单位在编制财务报表时的违反法规行为： （1）向管理层询问被审计单位是否遵守了适用于被审计单位及其行业的法律法规； （2）检查被审计单位与许可证颁发机构或监管机构的往来函件。		
2. 获取管理层书面声明，声明被审计单位已向注册会计师告知知悉的、影响财务报表的所有违反或可能违反相关法律法规情况。		
3. 充分关注可能表明被审计单位违反法律法规的下列信息： （1）受到政府有关部门的调查或处罚； （2）提供异常贷款或支付不明费用； （3）与关联方存在异常交易； （4）支付异常的销售佣金或代理费用； （5）购销价格严重偏离市场价格； （6）异常的现金收支； （7）与在税收优惠地注册的公司存在异常交易； （8）向商品或劳务提供者以外的单位或个人支付商品或劳务款项；		

续表

审计程序	计划及实施的程序	
	索引号	执行人
（9）收付款缺少适当的交易控制记录； （10）现有的会计信息系统不能提供适当审计轨迹或充分证据； （11）交易未经授权或记录不当； （12）负面媒介评论。		
4. 如果发现可能存在违反法规行为，了解该行为的性质及发生的环境，并获取其他适当信息，考虑下列事项，评价其对财务报表可能产生的影响： （1）因罚款、没收违法所得、封存财产、强制停业及诉讼等导致的潜在财务后果； （2）潜在财务后果是否需要披露； （3）潜在财务后果是否严重，以至于影响到财务报表的公允反映。		
5. 如果认为可能存在违反法规行为，记录所发现的情况，并与管理层讨论： （1）如果管理层不能提供令人满意的信息证明其确实遵守了法律法规，应向被审计单位律师咨询有关法律法规的遵守情况，及其对财务报表可能产生的影响。 （2）如果认为向被审计单位律师咨询是不适当的，或不满意其提供的咨询意见时，应当考虑向所在会计师事务所的律师咨询，以确定： ①被审计单位是否存在违反法规行为； ②可能导致的法律后果； ③应采取的进一步行动。		
6. 如果发现被审计单位存在违反法规行为，尽快地与治理层沟通，或获取治理层已获知违反法规行为的审计证据。		
7. 如果发现被审计单位存在严重违反法规行为，考虑法律法规是否要求其向监管机构报告；必要时，征询法律意见。		
8. 如果被审计单位存在违反法规行为，且没有采取项目组认为必要的补救措施，考虑解除业务约定。		

二、前后任注册会计师的沟通

前后任注册会计师的沟通

被审计单位：________	索引号：5200
项目：________	截止日/期间：________
编制：________	复核：________
日期：________	日期：________

一、审计目标

与前任注册会计师进行沟通，获取有关被审计单位以及前任注册会计师审计情况的信息。

二、审计程序

审计程序	计划及实施的程序	
	索引号	执行人
1. 接受委托前，在征得被审计单位书面同意后，向前任注册会计师寄发沟通函，并取得沟通函复函，评价沟通结果，确定是否接受委托。	5210 5220	
2. 接受委托后，如果需要查阅前任注册会计师的工作底稿，在征得被审计单位书面同意后，与前任注册会计师沟通，就工作底稿的使用目的、范围和责任等达成一致意见，通过查阅前任注册会计师工作底稿获取的信息，评价是否可就期初余额信赖前任注册会计师的工作。	5230	
3. 如果发现前任注册会计师审计的财务报表可能存在重大错报，应当提请被审计单位告知前任注册会计师。必要时，可要求被审计单位安排三方会谈，以便采取措施进行妥善处理。 如果被审计单位拒绝告知前任注册会计师，或前任注册会计师拒绝参加三方会谈，或项目组认为对解决问题的方案不满意，应当考虑对审计报告的影响或解除业务约定。		

索引号：5210

前任注册会计师：＊＊会计师事务所
后任注册会计师：××会计师事务所
被审计单位：S公司

与前任注册会计师的沟通函

＊＊会计师事务所：

S公司拟聘我所为其执行20×8年度财务报表审计业务，按照中国注册会计师审计准则的规定，经该公司同意，我们就如下问题与贵所及相关注册会计师沟通，烦请贵所根据所了解的事实在收到本函后尽快作出答复：

1. 该公司管理层的诚信情况；
2. 贵所与该公司管理层在重大会计、审计等问题上存在的意见分歧；
3. 贵所与该公司治理层沟通的管理层舞弊、违反法规行为以及内部控制的重大缺陷；
4. 贵所认为导致该公司变更会计师事务所的原因。

感谢贵所对我们工作的支持！

如有任何问题，请及时与我们联系，以便我们与贵所作进一步沟通。

联系人：

联系电话：　　　　　　　　　　传真：

地址：　　　　　　　　　　　　邮编：

××会计师事务所
（盖章）
中国 ××市
二〇×九年×月×日

索引号：5220

前任注册会计师对后任注册会计师关于沟通函的复函

××会计师事务所：

贵所发来的沟通函业已收悉，现将我们所了解的有关S公司（以下简称“该公司”）的事实答复如下：

1. 该公司管理层的诚信情况

2. 我所与该公司管理层在重大会计、审计等问题上存在的意见分歧

3. 我所与该公司治理层沟通的管理层舞弊、违反法规行为以及内部控制的重大缺陷

4. 导致该公司变更会计师事务所的原因

＊＊会计师事务所

（盖章）

中国××市

二〇×九年×月×日

索引号：5230

前任注册会计师向被审计单位获取的确认函

S公司董事会：

贵公司已允许××会计师事务所作为后任注册会计师与我们沟通，允许我们对××会计师事务所的询问作出充分答复，并允许其查阅我们审计贵公司20×7年度财务报表形成的审计工作底稿。××会计师事务所查阅工作底稿旨在了解贵公司及我们审计中的有关情况，以协助其对贵公司20×8年度财务报表的审计制定审计计划。

请贵公司在本确认函上盖章并署明日期后寄给我们，以示对上述内容的确认。

本确认函后附有我们拟向××会计师事务所提供的关于工作底稿使用问题的信函格式。

＊＊会计师事务所
（盖章）
中国××市
二〇×九年×月×日

以下由S公司盖章：

同意 （S公司盖章） 二〇×九年×月×日	不同意 （S公司盖章） 二〇×九年×月×日

附件：

前任注册会计师向后任注册会计师就工作底稿使用问题获取的确认函（不含有使用限制条款）

××会计师事务所：

我们已经按照中国注册会计师审计准则对S公司20×7年度财务报表进行审计，出具了审计报告。在审计报告日后，我们没有实施任何审计程序。贵所为执行S公司20×8年度财务报表审计业务，要求查阅我们对S公司财务报表审计形成的工作底稿。我们已经征得S公司同意，决定允许贵所查阅有关工作底稿。

我们对S公司20×7年度财务报表的审计及形成的工作底稿并不一定能够满足贵所的查阅目的，因此，贵所拟了解的事项可能并未在我们的工作底稿中予以提及。由于我们在职业判断的运用以及对审计风险和重要性水平的评估方面可能与贵所存在差异，对某些事项的表述可能与贵所有所不同，我们不能针对贵所的目的就我所工作底稿提供的信息是否充分、适当作出任何声明。

我们理解贵所查阅工作底稿的目的旨在制定审计计划，以便执行S公司20×8年度财务报表审计业务。按照贵所的要求，我们将提供［具体列明工作底稿的名称或种类］工作底稿复印件。贵所应当对获取的任何工作底稿复印件的内容予以保密。此外，如果第三方要求你们提供S公司的审计工作底稿，当涉及我所工作底稿的内容时，贵所应当在向该第三方提供之前征得我们的同意。如果贵所由于提供了工作底稿而收到传票、传讯或其他形式的调查通知，且工作底稿含有我所工作底稿的内容，贵所应当尽快通知我们并提供有关传票、传讯或其他形式的调查通知的复印件。

请贵所在本确认函上盖章并署明日期后寄给我们，以示对上述内容的确认。

＊＊会计师事务所
（盖章）
中国××市
二〇×九年×月×日

以下由××会计师事务所盖章：

同意 ××会计师事务所（盖章） 二〇×九年×月×日	不同意 ××会计师事务所（盖章） 二〇×九年×月×日

前任注册会计师向后任注册会计师就工作底稿使用问题获取的确认函（含有使用限制条款）

××会计师事务所：

我们已经按照中国注册会计师审计准则对S公司20×7年度财务报表进行审计，出具了审计报告。在审计报告日后，我们没有实施任何审计程序。贵所为了执行S公司20×8年度财务报表审计业务，要求查阅我们对S公司财务报表审计形成的工作底稿。我们已经征得S公司同意，决定允许贵所查阅有关工作底稿。

我们对S公司20×7年度财务报表的审计及形成的工作底稿并不一定能够满足贵所的查阅目的，因此，贵所拟了解的事项可能并未在我们的工作底稿中予以提及。由于我们在职业判断的运用以及对审计风险和重要性水平的评估方面可能与贵所存在差异，对某些事项的表述可能与贵所有所不同，我们不能针对贵所的目的就我所工作底稿提供的信息是否充分、适当作出任何声明。

我们理解贵所查阅工作底稿的目的旨在制定审计计划，以便执行S公司20×8年度财务报表审计业务。按照贵所的要求，我们将提供［具体列明工作底稿的名称或种类］工作底稿复印件。贵所应当对获取的任何工作底稿复印件的内容予以保密。此外，如果第三方要求你们提供S公司的审计工作底稿，当涉及我所工作底稿的内容时，贵所应当在向该第三方提供之前征得我们的同意。如果贵所由于提供了工作底稿而收到传票、传讯或其他形式的调查通知，且工作底稿含有我所工作底稿的内容，贵所应当尽快通知我们并提供有关传票、传讯或其他形式的调查通知的复印件。

由于贵所查阅工作底稿旨在制定审计计划，而非对我们的工作底稿进行审阅，因此贵所应当：（1）不将通过查阅所获取的信息用于其他任何目的；（2）在查阅工作底稿后，不对任何人作出关于我所的审计是否遵循了审计准则的口头或书面评论；（3）当涉及我所审计质量时，贵所不应提供任何专家证词、诉讼服务或承接对我所审计质量的评价业务。

请贵所在本确认函上盖章并署明日期后寄给我们，以示对上述内容的确认。

＊＊会计师事务所
（盖章）
中国××市
二○×九年×月×日

以下由××会计师事务所盖章：

同意 ××会计师事务所（盖章） 二○×九年×月×日	不同意 ××会计师事务所（盖章） 二○×九年×月×日

三、关联方及关联方交易

关联方及关联方交易

被审计单位：________	索引号：5300
项目：________	截止日/期间：________
编制：________	复核：________
日期：________	日期：________

一、审计目标

获取充分、适当的审计证据，确定管理层是否按照企业会计准则的规定识别、披露关联方和关联方交易。

二、审计程序

审计程序	计划及实施的程序	
	索引号	执行人
1. 询问被审计单位的治理层、管理层和其他人员，获取关联方及关联方交易清单。		
2. 实施下列审计程序，确定清单信息的完整性： （1）复核以前年度工作底稿，确认已识别的关联方名称； （2）复核被审计单位识别关联方的程序； （3）向治理层和关键管理人员询问，被审计单位是否与其他单位存在隶属关系； （4）复核投资者记录以确定主要投资者的名称，在适当情况下，从股权登记机构获取主要投资者的名单； （5）查阅董事会的会议纪要，以及其他相关的法定记录； （6）复核被审计单位向监管机构报送的所得税申报表和其他信息； （7）向前任注册会计师、主审注册会计师或其他注册会计师发函询问其知悉的关联方，以及管理层在重大关联方交易中涉及的程度。	5310 5320	
3. 在审计过程中，对下列交易保持警惕，考虑是否存在以前尚未识别出的关联方： （1）价格、利率、担保和付款等条件异常的交易；	5320	

续表

审计程序	计划及实施的程序	
	索引号	执行人
（2）商业理由明显不合乎逻辑的交易； （3）实质与形式不符的交易； （4）处理方式异常的交易； （5）与某些顾客或供货商进行的大量或重大交易； （6）未予记录的交易。		
4. 在执行下列常规程序时关注关联方交易： （1）执行交易和余额的细节测试； （2）查阅股东大会和董事会的会议纪要； （3）复核大额或异常的交易、账户余额的会计记录，特别关注接近报告期末或在报告期末确认的交易； （4）复核对债权债务关系的询证函回函以及来自银行的询证函回函，以发现担保关系和其他关联方交易； （5）复核投资交易。	5330	
5. 针对已识别的关联方交易，实施下列审计程序，以确定这些交易已得到恰当的记录和充分披露： （1）了解交易的商业目的； （2）检查证实交易的支持性文件（例如，发票、合同、协议及入库和运输单据等相关文件）； （3）确定交易已得到管理层或治理层批准； （4）检查关联方交易在财务报表中已充分披露。	5330	
6. 如果可获取的与关联方交易相关的审计证据有限，考虑实施下列审计程序： （1）向关联方函证交易的条件和金额，包括担保和其他重要信息； （2）检查关联方拥有的信息； （3）向与交易相关的人员和机构（例如银行、律师）函证或与其讨论有关信息。		
7. 考虑关联方和关联方交易对舞弊风险评估的影响，是否有必要实施下列审计程序： （1）复核重大投资和现金支出，考虑被审计单位是否向关联方提供资金； （2）与曾向被审计单位提供服务的税务和咨询人员讨论，了解其已知的关联方的背景和被审计单位与关联方之间的关系； （3）与第三方（例如，律师、前任注册会计师和向被审计单位提供服务的机构和人员）讨论，了解其已知的重大交易主要涉及方的身份和背景。		
8. 就被审计单位提供的关于识别关联方信息的完整性、财务报表中关联方和关联方交易披露的充分性，向管理层获取书面声明。		

续表

审计程序	计划及实施的程序	
	索引号	执行人
9. 实施下列审计程序，评价管理层将关联方交易披露为公平交易是否恰当： （1）管理层证明关联方交易是公平交易的方法的恰当性； （2）验证支持该证明的内部或外部信息的来源，确定其正确性、完整性和相关性； （3）当该证明是建立在假设的基础上时，考虑管理层采用的假设与其证明的相关性。	5330	

索引号：5310

就关联方问题向其他注册会计师的询证函

[其他注册会计师的姓名]：

本所接受委托，对S公司截至20×8年×月×日的合并会计报表进行审计，其中，贵方作为S公司下属子公司ABC公司的注册会计师参与了审计工作。本函件用于及时交换和更新关于关联方和关联方交易的相关信息。附件是我们目前已识别的关联方和关联方交易清单。如果此后在审计过程中我们发现了其他关联方或关联方交易，将及时更新该清单。

关于关联方和关联方交易，我们确定的审计目标为：确定管理层是否按照企业会计制度的规定识别、披露关联方和关联方交易。

作为以上审计工作的参与方，在执行审计过程中，贵方应该参照附送的清单，并关注与关联方的任何交易（包括清单上的关联方及引起贵方注意的其他方）。同时，基于贵方的了解，也请告知我们清单以外的关联方和关联方交易。

附件：已知的关联方和关联方交易（略）

××会计师事务所

（盖章）

中国 ××市

二〇×九年×月×日

关联方关系调查记录

被审计单位：________	索引号：5320
项目：________	截止日/期间：________
编制：________	复核：________
日期：________	日期：________

1. 被审计单位的母公司

母公司名称	注册地	经济性质	注册资本	在被审计单位的持股比例或表决权比例

如母公司不是本企业最终控制方，说明最终控制方名称。

母公司和最终控制方均不对外提供财务报表的，说明母公司之上与其最相近的对外提供财务报表的母公司名称。

2. 被审计单位的子公司

子公司名称	注册地	经济性质	注册资本	被审计单位合计持股比例	被审计单位合计享有的表决权比例

3. 被审计单位的合营或联营企业

合营或联营企业名称	注册地	经济性质	注册资本	被审计单位持股比例	被审计单位在被投资单位表决权比例	期末资产总额	期末负债总额	本期营业收入总额	本期净利润

4. 其他关联方

关联方交易调查明细表

被审计单位：________　　索引号：5330

项目：________　　截止日/期间：________

编制：________　　复核：________

日期：________　　日期：________

关联方名称	交易内容	本期交易额	价格及定价政策	非关联交易价格	市场价格	结算方式	期末未结算金额	未结算金额的担保	坏账准备提取

四、持续经营

持续经营

被审计单位：	索引号：5400
项目：	截止日/期间：
编制：	复核：
日期：	日期：

一、审计目标

考虑管理层在编制财务报表时运用持续经营假设的适当性，并考虑是否存在需要在财务报表中披露的有关持续经营能力的重大不确定性。

二、审计程序

（一）考虑是否存在可能导致对持续经营能力产生重大疑虑的事项或情况以及相关经营风险

可能导致对持续经营能力产生重大疑虑的事项或情况	是否存在
财务方面： 1. 无法偿还到期债务； 2. 无法偿还即将到期且难以展期的借款； 3. 无法继续履行重大借款合同中的有关条款； 4. 存在大额的逾期未缴税金； 5. 累计经营性亏损数额较大； 6. 过度依赖短期借款筹资； 7. 无法获得主要供应商的正常商业信用； 8. 难以获得开发必要新产品或进行必要投资所需资金； 9. 资不抵债； 10. 营运资金出现负数； 11. 经营活动产生的现金流量净额为负数； 12. 大股东长期占用较大数额资金； 13. 重要子公司无法持续经营且未进行处理； 14. 存在大量长期未作处理的不良资产； 15. 存在因对外较大数额担保等或有事项引发的或有负债。	

续表

可能导致对持续经营能力产生重大疑虑的事项或情况	是否存在
经营方面： 1. 关键管理人员离职且无人替代； 2. 人力资源短缺； 3. 重要原材料短缺； 4. 失去主要市场； 5. 失去主要供应商； 6. 失去关键特许权、专利权或许可权； 7. 主导产品不符合国家产业政策。	
其他方面： 1. 严重违反有关法律法规或政策； 2. 异常原因导致停工、停产； 3. 有关法律法规或政策的变化可能造成重大不利影响； 4. 经营期限即将到期且无意继续经营； 5. 投资者未履行协议、合同、章程规定的义务，并有可能造成重大不利影响； 6. 因自然灾害、战争等不可抗力因素遭受严重损失。	

（二）评价管理层对持续经营能力作出的评估

程　序	索引号	执行人
1. 如果管理层没有对持续经营作出初步评估，应与管理层讨论运用持续经营假设的理由，是否存在上述事项或情况，并提请管理层对持续经营能力作出评估。 如果管理层已作出评估，确定管理层评估持续经营能力涵盖的期间是否符合企业会计准则的规定。 2. 评价管理层作出的评估，包括考虑管理层作出评估依据的假设、评估过程以及应对计划。 3. 询问管理层，是否存在超出评估期间对持续经营存在重大影响的事项。		

（三）进一步审计程序

如果有情况或事项导致对被审计单位在一定合理期限内的持续经营假设产生重大疑虑，应当取得有关管理层依据持续经营能力评估结果提出的应对计划的资料和证据，执行以下程序：

审计程序	计划及实施的程序	
	索引号	执行人
1. 复核管理层依据持续经营能力评估结果提出的应对计划： （1）如果管理层计划变卖资产，考虑： ①变卖资产是否受到限制，例如贷款合同、其他类似协议或资产的留置权对此类交易的限制； ②管理层决定变卖的资产的变现能力； ③资产的处置可能带来的直接或间接影响。		

续表

<table>
<tr><th rowspan="2">审计程序</th><th colspan="2">计划及实施的程序</th></tr>
<tr><th>索引号</th><th>执行人</th></tr>
<tr><td>（2）如果管理层计划借款，考虑：
①借款融资的可能性，包括被审计单位在财务困境时期的融资记录、现有的和已经承诺的借款协议；
②借款融资的可行性，包括新增借款条件对其融资可能产生的影响，例如被审计单位是否还有可用于银行借款担保的资产。
（3）如果管理层计划重组债务，考虑：
①现有的或已承诺的债务重组协议；
②履行债务重组协议的可行性。
（4）如果管理层计划削减或延缓开支，考虑：
①削减管理费用、延缓维修项目或研发项目或以租赁资产代替外购资产的可行性；
②削减或延缓开支可能带来的直接或间接影响。
（5）如果管理层计划权益融资，考虑：
①现有的或已承诺的新增投资协议；
②现有的或已承诺的减少股利支付协议或加速投资方现金交款协议。</td><td></td><td></td></tr>
<tr><td>2. 实施下列程序，以判断管理层提出的应对计划是否可行，以及应对计划的结果是否能够改善持续经营能力：
（1）与管理层分析和讨论现金流量以及其他相关的预测。如果现金流量分析对考虑事项或情况的未来结果是重要的，实施下列程序：
①考虑被审计单位生成相关信息的信息系统的可靠性；
②考虑管理层作出现金流量预测所依赖的假设是否存在充分的依据；
③将最近若干期间的预测性财务信息与实际结果比较；
④将本期的预测性财务信息与截至目前的实际结果比较。
（2）与管理层分析和讨论最近的中期财务报表；
（3）复核借款协议条款并确定是否存在违约可能；
（4）阅读治理层、管理层有关会议决议或记录中关于财务困境的描述；
（5）向被审计单位的律师询问是否存在针对被审计单位的诉讼或索赔，并向其询问管理层对诉讼或索赔结果及其财务影响的估计是否合理；
（6）确认财务支持协议的存在性、合法性和可行性，并对提供财务支持的关联方或第三方的财务能力作出评价：
①检查财务支持协议或其他资料，如关联方或第三方与被审计单位签订的协议、与财务支持有关的信函往来等；
②获取关联方或第三方向被审计单位提供财务支持的批准文件；
③获取被审计单位律师的书面声明，证明关联方或第三方提供的财务支持协议具有法律效力；
④检查关联方或第三方的财务报表、关联方或第三方作出的除向被审计单位提供财务支持以外的其他财务承诺等，分析关联方或第三方是否有足够的能力以履行财务支持义务；</td><td></td><td></td></tr>
</table>

续表

审计程序	计划及实施的程序	
	索引号	执行人
⑤询问关联方或第三方管理层，了解其是否同意被审计单位在年度报表中详细披露财务支持计划。 （7）考虑被审计单位准备如何处理尚未履行的订单； （8）复核期后事项并考虑其改善或影响持续经营能力的可能。		
3. 向管理层获取有关应对计划的书面声明。		

五、首次接受委托时对期初余额的审计

首次接受委托时对期初余额的审计

被审计单位：________	索引号：5500
项目：________	截止日/期间：________
编制：________	复核：________
日期：________	日期：________

一、审计目标

获取充分、适当的审计证据以确定：（1）期初余额不存在对本期财务报表产生重大影响的错报；（2）上期期末余额已正确结转至本期，或在适当的情况下已作出重新表述；（3）被审计单位一贯运用恰当的会计政策，或对会计政策的变更作出正确的会计处理和恰当的列报。

二、审计程序

审计程序	计划及实施的程序	
	索引号	执行人
1. 审查上期会计政策是否在本期财务报表中得到一贯运用，如果会计政策发生变更，考虑这些变更是否恰当、会计处理是否正确、列报是否恰当。		
2. 考虑前任注册会计师是否具备独立性和专业胜任能力。		
3. 如果上期财务报表由前任注册会计师审计，征得被审计单位书面同意，经前任注册会计师许可后，查阅前任注册会计师的工作底稿，了解以下事项： （1）前任注册会计师工作底稿中的所有重要审计领域及已实施的重要审计程序，评价资产负债表重要账户期初余额的合理性； （2）复核前任注册会计师建议调整分录和未更正错报汇总，并评价其对当期审计的影响。		
4. 如果上期财务报表未经审计，或在实施上述第 3 项所述的审计程序后对期初余额不能得出满意结论，实施下列程序： （1）对流动资产和流动负债，通过本期实施的审计程序获取部分审计证据；		

续表

审计程序	计划及实施的程序	
	索引号	执行人
（2）对于存货，应追加：复核上期存货盘点记录及文件、检查上期存货交易记录、毛利百分比法分析程序； （3）对非流动资产和非流动负债，检查形成期初余额的会计记录和其他信息，还可考虑向第三方函证期初余额或实施追加的审计程序。		

六、比较数据

比较数据

被审计单位：	索引号：5600
项目：	截止日/期间：
编制：	复核：
日期：	日期：

一、审计目标

获取充分、适当的审计证据，确定比较数据是否符合企业会计制度的规定。

二、审计程序

审计程序	计划及实施的程序	
	索引号	执行人
1. 如果是连续审计，审查比较数据与上期财务报表反映的金额和相关披露是否一致；如不一致，是否已经作出适当调整和充分披露。	5610	
2. 如果上期财务报表由前任注册会计师审计，或未经审计，执行下列审计程序： （1）上述第1项列示的审计程序； （2）按照《中国注册会计师审计准则第1331号——首次接受委托时对期初余额的审计》的规定实施审计程序。	5500	
3. 当以前针对上期财务报表出具了非无保留意见的审计报告时，出具审计报告的考虑： （1）如果导致非无保留意见的事项仍未解决，分下列两种情况予以处理： ①如果未解决的事项导致对本期数据出具非无保留意见的审计报告，应当在审计报告中对比较数据和本期数据发表非无保留意见； ②如果未解决的事项不导致对本期数据出具非无保留意见的审计报告，应当在审计报告中对比较数据发表非无保留意见。 （2）如果导致非无保留意见的事项已经解决，并已在本期财务报表中得到恰当处理，分下列两种情况予以处理： ①导致非无保留意见的事项对本期不重要，在针对本期财务报表出具		

续表

审计程序	计划及实施的程序	
	索引号	执行人
的审计报告中不再提及该事项； ②导致非无保留意见的事项对本期仍很重要，在审计报告中增加强调事项段提及这一情况。		
4. 当注意到影响上期财务报表的重大错报，而以前未就该重大错报出具非无保留意见的审计报告时，出具审计报告的考虑： （1）如果上期财务报表已经更正，并已重新出具审计报告，应当获取充分、适当的审计证据，以确定比较数据与更正的财务报表是否一致； （2）如果上期财务报表未经更正，也未重新出具审计报告，且比较数据未经恰当重述和充分披露，应当对本期财务报表出具非无保留意见的审计报告，说明比较数据对本期财务报表的影响； （3）如果上期财务报表未经更正，也未重新出具审计报告，但比较数据已在本期财务报表中恰当重述和充分披露，可以在审计报告中增加强调事项段，说明这一情况。		
5. 如果识别出比较数据存在重大错报，应当要求管理层更正比较数据。如果管理层拒绝更正，应当出具恰当的非无保留意见的审计报告。		

比较数据审查汇总表

被审计单位：	索引号：5610
项目：	截止日/期间：
编制：	复核：
日期：	日期：

项目名称	本期财务报表比较数据金额	上期财务报表列示金额	差异金额	差异原因说明	对上期审计报告的影响及后续处理	对本期审计意见的影响

七、或有事项

或有事项

被审计单位：________	索引号：5700
项目：________	截止日/期间：________
编制：________	复核：________
日期：________	日期：________

一、审计目标

1. 确定或有事项是否存在和完整；
2. 确定或有事项的会计处理是否符合企业会计制度的规定；
3. 确定或有事项的列报是否恰当。

二、审计程序

审计程序	计划及实施的程序	
	索引号	执行人
1. 向被审计单位管理层询问并复核其确定、评价与控制或有事项方面的有关政策和工作程序。		
2. 向被审计单位管理层了解、索取并审阅有关或有事项的全部文件和凭证（包括董事会纪要等），就或有事项获取管理层书面声明。重点关注未决诉讼或仲裁、未决索赔、税务纠纷、债务担保、产品质量保证、重大重组、资本支出、融资租赁、不可撤销财务承诺等事项。		
3. 与治理层就遵循法律法规的情况进行讨论，更新与遵循法律法规有关的永久性档案，复核与监管部门的往来信函以发现违反法律法规的迹象，确定需要包括在管理层声明书中的声明事项。		
4. 就可能导致或有事项的下列事项，实施下列审计程序： （1）向被审计单位的法律顾问和律师进行函证，获取被审计单位资产负债表日业已存在的，以及资产负债日至复函日期间存在的或有事项的确认证据。分析被审计单位在审计期间所发生的法律费用，特别关注未决诉讼或未决税款估价等方面的问题；	5710 5720	

续表

审计程序	计划及实施的程序	
	索引号	执行人
（2）复核上期和税务机构的税收结算报告，了解被审计期间有关纳税方面可能发生的争执之处； （3）向与被审计单位有业务往来的银行寄发含有要求银行提供被审计单位或有事项的询证函； （4）向有关销售人员查证被审计单位对产品质量保证方面的记录，确定存在损失的可能性； （5）检查被审计单位资产负债表日已经签订的待执行合同、合同各方往来信函等，以识别亏损合同； （6）复核被审计单位环保政策和程序，查阅与环保监管部门的往来信函、相应账户，识别需要反映的环保整治义务； （7）检查在资产负债表日被审计单位是否承担了重组义务； （8）检查被审计单位是否因在投资合同中约定对被投资单位的超额亏损承担额外损失； （9）审查被审计单位对未来事项和协议的财务承诺； （10）其他相关程序。	5710 5720	
5. 与管理层就或有事项的完整性和充分披露进行讨论，以确定或有事项的损失金额是否可以合理估计，是否存在预期可获得的补偿以及相关的会计处理。		
6. 确定或有事项是否已按照企业会计制度的规定在财务报表中作出恰当列报。		

索引号：5710

律师询证函

___________律师事务所
___________律师台鉴：

本公司已聘请××会计师事务所对本公司20×8年度的财务报表进行审计。为配合该项审计，谨请贵律师基于受理本公司委托的工作（诸如常年法律顾问、专项咨询和诉讼代理等），提供下述资料，并函告××会计师事务所：

一、请说明存在于资产负债表日并且自该日起至本函回复日止本公司委托贵律师代理进行的任何未决诉讼。该说明中谨请包含以下内容：

1. 案件的简要事实经过与目前的发展进程；

2. 在可能范围内，贵律师对于本公司管理层就上述案件所持看法及处理计划（如庭外和解设想）的了解，及您对可能发生结果的意见；

3. 在可能范围内，您对可能发生的损失或收益的可能性及金额的估计。

二、请说明存在于20×8年×月×日以及该日起至本函回复日止，本公司曾向贵律师咨询的其他诸如未决诉讼、追索债权、被追索债务以及政府有关部门对本公司进行的调查等可能涉及本公司法律责任的事件。

三、请说明截至20×8年×月×日止，本公司与贵律师事务所就律师服务费的结算情况（如有可能，请依服务项目区分）。

四、若无上述一及二事项，为节省您宝贵的时间，烦请填写本函背面资料并签章后，按以下地址，寄往××会计师事务所。

××会计师事务所　　　　地址：　　　　　　邮编：

谢谢合作！

S公司（盖章）

二〇×九年×月×日

索引号：5720

律师询证函复函

××会计师事务所：

本律师于____________期间，除向S公司提供一般性法律咨询服务，并未有接受委托，代理进行或咨询如前述一、二项所述之事宜。

另截至20×8年×月×日止，该公司

□　未积欠本律师任何律师服务费。

□　尚有本律师的有关服务费，计人民币________元，未予付清。

______________________律师事务所

律师：________________（签章）

二〇×九年×月×日

八、期后事项

期后事项

被审计单位：	**索引号：** 5800
项目：	**截止日/期间：**
编制：	**复核：**
日期：	**日期：**

一、审计目标

1. 确定期后事项是否存在和完整；
2. 确定期后事项的会计处理是否符合企业会计制度的规定；
3. 确定期后事项的列报是否恰当。

二、审计程序

审计程序	计划及实施的程序	
	索引号	执行人
1. 了解被审计单位用于识别期后事项的政策和程序。		
2. 获取并查阅治理层、管理层的会议记录以及涉及诉讼的相关文件等，查明识别资产负债表日后发生的对本期财务报表产生重大影响的事项。		
3. 在尽量接近审计报告日，查阅治理层、管理层在资产负债表日后举行的会议的纪要，并在不能获取会议纪要时询问会议讨论的事项。		
4. 在尽量接近审计报告日，查阅最近的中期财务报表、主要会计科目、重要合同和会计凭证；如认为必要和适当，还应当查阅预算、现金流量预测及其他相关管理报告。		
5. 在尽量接近审计报告日，查阅被审计单位与客户、供应商、监管部门等的往来信函。		
6. 在尽量接近审计报告日，向被审计单位律师或法律顾问询问有关诉讼和索赔事项。		
7. 在尽量接近审计报告日，就以下内容（但不限于）向管理层询问可能影响财务报表的期后事项： （1）根据初步或尚无定论的数据作出会计处理的项目的现状；		

续表

审计程序	计划及实施的程序	
	索引号	执行人
（2）是否发生新的担保、借款或承诺； （3）是否出售或购进资产，或者计划出售或购进资产； （4）是否已签订或计划签订合并或清算协议； （5）资产是否被政府征用或因不可抗力而遭受损失； （6）在风险领域和或有事项方面是否有新进展； （7）是否已作出或考虑作出异常的会计调整； （8）是否已发生或可能发生影响会计政策适当性的事项。		
8. 结合期末账户余额的审计，对应予调整的资产负债表日后事项进行审计，着重查明资产负债表日后的重大购销业务和重大的收付款业务，有无不寻常的转账交易或调整分录。		
9. 查询被审计单位在资产负债表日或审计期间已存在的重大财务承诺，并向被审计单位管理层询问，确定是否存在导致需调整或披露的期后事项。		
10. 在财务报表报出后，如果知悉在审计报告日已存在的、可能导致修改审计报告的事实，考虑是否需要修改财务报表，并与管理层讨论，同时根据具体情况采取适当措施。		
11. 确定期后事项是否已按照企业会计制度的规定在财务报表中作出恰当列报。		

九、现金流量表

现金流量表

被审计单位：		索引号：	5900
项目：		期间：	
编制：		复核：	
日期：		日期：	

一、审计目标

1. 确定现金及现金等价物确认的合理性和一贯性；
2. 确定现金流量表的内容、分类、性质和金额是否正确、合理、完整；
3. 确定现金流量表有关项目金额与其他报表及附注勾稽关系是否正确；
4. 确定现金流量表各项目的披露是否恰当。

二、审计程序

审计程序	计划及实施的程序	
	索引号	执行人
1. 获取现金流量表，复核加计是否正确，复核现金流量表主表和附注有关项目是否一致。		
2. 审查现金流量表主表的编制： （1）了解被审计单位对现金及现金等价物的界定，并检查现金及现金等价物的界定在不同会计期间是否保持一致； （2）检查货币资金、交易性金融资产明细表所示的现金、现金等价物的年初、期末余额与现金流量表主表是否一致； （3）检查现金流量表内部、现金流量表与资产负债表和利润表之间的勾稽关系； （4）测算大额现金流量项目的合理性： ①“销售商品、提供劳务收到的现金”和“购买商品、接受劳务所支付的现金”项目金额的合理性； ②结合营业外收入、其他应收款等项目的审计，审查“收到的税费返还”项目金额的合理性；		

续表

审计程序	计划及实施的程序	
	索引号	执行人
③结合“应付工资”、“应付福利费”、“其他应付款”、“其他应收款”等科目的审计，检查“支付给职工以及为职工支付的现金”项目金额的合理性； ④结合“应交税金”、“主营业务税金及附加”、“所得税”、“管理费用”等科目的审计，审查“支付的各项税费”项目金额的合理性； ⑤对“短期投资”、“长期股权投资”、“长期债权投资”、“应收股利”、“应收利息”、“投资收益”、“财务费用”等科目进行详细分析，将分析结果与被审计单位现金流量表中的“投资活动产生的现金流量”金额核对，验证编制的准确性； ⑥对“短期借款”、“长期借款”、“长期应付款”、“应付股利”、“实收资本”、“资本公积”、“盈余公积”、“未分配利润”、“财务费用”等科目进行详细分析，并将分析结果与被审计单位现金流量表中的“筹资活动产生的现金流量”金额进行比较，验证编制的准确性。		

第五部分

业务完成阶段工作底稿

一、业务完成阶段审计工作

被审计单位：	索引号：6000
项目：	截止日/期间：
编制：	复核：
日期：	日期：

审计工作	索引号	执行人
1. 汇总审计过程中发现的审计差异，根据错报的重要性确定建议被审计单位调整的事项，编制账项调整分录汇总表、重分类调整分录汇总表、列报调整汇总表、未更正错报汇总表以及试算平衡表。	6110 6120 6130 6140 6150 6160	
2. 与被审计单位相关人员，就下列事项进行沟通，并签字确认： （1）审计意见的类型及审计报告的措辞； （2）账项调整分录汇总表、重分类调整分录汇总表、列报调整汇总表、未更正错报汇总表以及试算平衡表草表； （3）对被审计单位持续经营能力具有重大影响的事项； （4）对完善内部控制的建议； （5）执行该项审计业务的注册会计师的独立性。 获得被审计单位同意账项调整、重分类调整和列报调整事项的书面确认；如果被审计单位不同意调整，应要求其说明原因。根据未更正错报的重要性，确定是否在审计报告中予以反映，以及如何反映。 在就上述有关问题与治理层沟通时，提交书面沟通函，并获得治理层的确认。	6200	
3. 编制正式的试算平衡表。	6110 6120	
4. 对财务报表进行总体复核，评价财务报表总体合理性。如果识别出以前未识别的重大错报风险，应重新考虑对全部或部分交易、账户余额、列报评估的风险是否恰当，并在此基础上重新评价之前实施的审计程序是否充分，是否有必要追加审计程序。	工作底稿格式参照风险评估工作底稿分析程序表（用作风险评估程序）（索引号：2120 工作底稿）	

续表

审计工作	索引号	执行人
5. 将项目组成员间意见分歧的解决过程，记录于专业意见分歧解决表中。汇总重大事项，编制重大事项概要。	6300 6400	
6. 评价审计结果，形成审计意见，并草拟审计报告： （1）对重要性和审计风险进行最终评价，确定是否需要追加审计程序或提请被审计单位作出必要调整： ①按财务报表项目确定可能的错报金额； ②确定财务报表项目可能错报金额的汇总数（即可能错报总额）对财务报表层次重要性水平的影响程度。 （2）对被审计单位已审计财务报表形成审计意见并草拟审计报告。		
7. 由项目负责经理复核工作底稿。		
8. 由项目负责合伙人复核工作底稿。		
9. 必要时，实施项目质量控制复核。		
10. 向适当的高级管理人员获取经签署的管理层声明书，并确定其日期与审计报告的日期一致。	6500	
11. 撰写审计总结。	6600	
12. 完成审计工作完成情况核对表。	6700	
13. 完成业务复核核对表。	6800	
14. 正式签发审计报告。		

二、试算平衡表及审计调整表

1. 资产负债表试算平衡表

被审计单位：________　　索引号：6110

项目：________　　截止日：________

编制：________　　复核：________

日期：________　　日期：________

项目	期末未审数	账项调整		重分类调整		期末审定数	项目	期末未审数	账项调整		重分类调整		期末审定数
		借方	贷方	借方	贷方				借方	贷方	借方	贷方	
货币资金							短期借款						
短期投资							应付票据						
应收票据							应付账款						
应收股利							预收款项						
应收利息							应付工资						
应收账款							应付福利费						
其他应收款							应付股利						

续表

项目	期末未审数	账项调整		重分类调整		期末审定数	项目	期末未审数	账项调整		重分类调整		期末审定数
		借方	贷方	借方	贷方				借方	贷方	借方	贷方	
预付账款							应交税金						
存货							其他应交款						
待摊费用							其他应付款						
一年内到期的长期债权投资							预提费用						
其他流动资产							预计负债						
长期股权投资							一年内到期的长期负债						
长期债权投资							其他流动负债						
固定资产原价							长期借款						
减：累计折旧							应付债券						
固定资产净值							长期应付款						
减：固定资产减值准备							专项应付款						
固定资产净额							其他长期负债						
工程物资							递延税款贷项						
在建工程							实收资本（或股本）						
固定资产清理							减：已归还投资						
无形资产							实收资本（或股本）净额						
长期待摊费用							资本公积						
其他长期资产							盈余公积						
递延税款借项							未分配利润						
资产合计							**负债及所有者权益合计**						

2. 利润表试算平衡表

被审计单位：	索引号：6120
项目：	期间：
编制：	复核：
日期：	日期：

项　目		未审数	调整金额		审定数	索引号
			借方	贷方		
一、	主营业务收入					
	减：主营业务成本					
	主营业务税金及附加					
二、	主营业务利润					
	加：其他业务利润					
	减：营业费用					
	管理费用					
	财务费用					
三、	营业利润					
	加：投资收益					
	补贴收入					
	营业外收入					
	减：营业外支出					
四、	利润总额					
	减：所得税					
五、	净利润					
六、	未分配利润					

3. 账项调整分录汇总表

被审计单位：______	索引号：6130
项目：______	截止日/期间：______
编制：______	复核：______
日期：______	日期：______

序号	内容及说明	索引号	调整内容				影响利润表+（-）	影响资产负债表+（-）
			借方项目	借方金额	贷方项目	贷方金额		

与被审计单位的沟通：

参加人员：

被审计单位：______

审计项目组：______

被审计单位的意见：

______

______

______

______

结论：

是否同意上述审计调整：______

被审计单位授权代表签字：______ 日期：______

4. 重分类调整分录汇总表

被审计单位：	索引号： 6140
项目：	截止日/期间：
编制：	复核：
日期：	日期：

序号	内容及说明	索引号	调整项目和金额			
			借方项目	借方金额	贷方项目	贷方金额

与被审计单位的沟通：

参加人员：

被审计单位：

审计项目组：

被审计单位的意见：

结论：

是否同意上述审计调整：

被审计单位授权代表签字： 日期：

5. 列报调整汇总表

被审计单位：	索引号：6150
项目：	截止日/期间：
编制：	复核：
日期：	日期：

一、被审计单位财务报表附注中的漏报项目包括：

二、被审计单位财务报表附注中的错报调整项目包括：

与被审计单位的沟通：

参加人员：

被审计单位：

审计项目组：

被审计单位的意见：

结论：

是否同意上述审计调整：

被审计单位授权代表签字：　　日期：

6. 未更正错报汇总表

被审计单位：________	索引号：6160
项目：________	截止日/期间：________
编制：________	复核：________
日期：________	日期：________

序号	内容及说明	索引号	未调整内容				备注
			借方项目	借方金额	贷方项目	贷方金额	

未更正错报的影响：

项目	金额	百分比	计划百分比
1. 总资产	________	________	________
2. 负债总额	________	________	________
3. 净资产	________	________	________
4. 销售收入	________	________	________
5. 费用总额	________	________	________
6. 毛利	________	________	________
7. 净利润	________	________	________

结论：

被审计单位授权代表签字：________　　日期：________

索引号：6200

三、与治理层的沟通函

S公司董事会（审计委员会）：

根据《中国注册会计师审计准则第1151号——与治理层的沟通》的规定，在审计中，注册会计师应当就自身的独立性与治理层进行书面沟通。此外，注册会计师还应当就与财务报表审计相关且根据职业判断认为与治理层责任相关的重大事项，以适当的方式及时与治理层沟通。保持有效的双向沟通关系，有利于注册会计师与治理层履行各自的职责。

必须特别强调的是，除法律法规和审计准则另有规定的情形之外，这份书面沟通文件仅供贵公司治理层使用，我们对第三方不承担任何责任，未经我们事先书面同意，沟通文件不得被引用、提及或向其他人披露。

一、独立性问题

现就独立性问题声明如下：

（一）参与贵公司审计工作的审计项目组成员、本会计师事务所其他相关人员以及本会计师事务所按照法律法规和职业道德规范的规定保持了独立性；

（二）根据职业判断，我们认为本会计师事务所与贵公司之间不存在可能影响独立性的关系和事项；

（三）我们已经根据法律法规和职业道德规范的规定采取了必要的防护措施，以防止可能出现的对独立性的威胁。

二、重大事项

以下内容是与我们对贵公司20×8年度财务报表进行审计相关的、按规定应予沟通的重大事项：

（一）对贵公司所采用的会计政策、会计估计和财务报表披露的看法

（二）审计工作中遇到的重大困难

（三）未更正错报

……

我们发现，贵公司……

我们已于20×9年×月×日就上述事项与贵公司管理层沟通并提请更正，但至今尚未得到更正。如不更正，将会导致少计费用，从而虚增年度利润的后果。根据该笔业务的性质和重要程度，我们对贵公司20×8年度的财务报表将不能出具标准无保留意见的审计报告。现再次提请贵公司予以更正。

……

（四）其他事项

……

××会计师事务所（盖章）

中国注册会计师：（签名并盖章）

二〇×九年×月×日

S 公司的意见：

（是否同意上述本所就独立性问题所做的声明以及就上述重大事项所作的说明）

____

____

____

____

贵公司授权代表签字：______________　日期：二○×九年×月×日

（注：本沟通函中有关独立性的声明仅限于被审计单位可能涉及重大的公众利益时，注册会计师需要就自身的独立性与被审计单位治理层沟通，并获取被审计单位治理层的确认。）

四、专业意见分歧解决表

被审计单位：＿＿＿＿＿＿＿＿	**索引号：** 6300
项目：＿＿＿＿＿＿＿＿	**截止日/期间：**＿＿＿＿＿＿＿＿
编制：＿＿＿＿＿＿＿＿	**复核：**＿＿＿＿＿＿＿＿
日期：＿＿＿＿＿＿＿＿	**日期：**＿＿＿＿＿＿＿＿

一、存在专业意见分歧的人员及其职位

姓名	职位

二、专业意见分歧

（注：简述存在专业意见分歧的会计或审计问题）

三、解决方式

（注：简述为解决意见分歧采取的措施和获取的审计证据，包括查阅的专业文献和向专家咨询的意见等。如必要，记录与管理层或其他人员就该问题进行讨论的情况，包括讨论时间、讨论对象以及对方的回应等）

四、解决过程

（注：记录最后形成结论的过程。记录对相互矛盾的审计证据或相互矛盾的观点的考虑，以及

解决过程）

____

____

____

____

____

五、结论

（注：记录最后形成的结论以及形成结论的基础）

____

____

____

____

____

最终结论批准人：________________　批准日期：________________

下列人员不同意最终形成的结论：

姓名	日期
________________	________________
________________	________________
________________	________________
________________	________________
________________	________________

五、重大事项概要汇总表

被审计单位：________	索引号：6400
项目：________	截止日/期间：________
编制：________	复核：________
日期：________	日期：________

一、引起特别风险的事项

审计目标	
重大错报风险评估结果及得出评估结果的理由	
总体方案和发现	
采用________方案（综合性或实质性方案），具体审计程序包括： …… 有关具体审计程序的详细内容，见审计工作底稿…… 审计发现： ……	
结论：	

二、实施审计程序的结果

1. 修正以前对重大错报风险的评估和针对这些风险拟采取的应对措施

对以前重大错报风险评估结果的修正及原因	
对修正后的重大错报风险评估结果的应对措施	
对进一步审计程序的总体方案的重大更改	
对拟实施的进一步审计程序的重大更改	
审计目标	

2. 未更正错报汇总

三、导致难以实施必要审计程序的情形

审计目标	
导致难以实施必要审计程序的情形及其解决方法	

四、可能导致出具非标准审计报告的事项

事项及解决方法

索引号：6500

六、管理层声明书

××会计师事务所并××注册会计师：

本公司已委托贵事务所对本公司20×8年×月×日的资产负债表，20×8年度的利润表和现金流量表以及财务报表附注进行审计，并出具审计报告。

为配合贵事务所的审计工作，本公司就已知的全部事项作出如下声明：

1. 本公司承诺，按照企业会计制度的规定编制财务报表是我们的责任。

2. 本公司已按照企业会计制度的规定编制20×8年度财务报表，财务报表的编制基础与上年度保持一致，本公司管理层对上述财务报表的真实性、合法性和完整性承担责任。

3. 设计、实施和维护内部控制，保证本公司资产安全和完整，防止或发现并纠正错报，是本公司管理层的责任。

4. 本公司承诺财务报表符合适用的企业会计制度的规定，公允反映本公司的财务状况、经营成果和现金流量情况，不存在重大错报，包括漏报。贵事务所在审计过程中发现的未更正错报，无论是单独还是汇总起来，对财务报表整体均不具有重大影响。未更正错报汇总表附后。

5. 本公司已向贵事务所提供了：

（1）全部财务信息和其他数据；

（2）全部重要的决议、合同、章程、纳税申报表等相关资料；

（3）全部股东会和董事会的会议记录。

6. 本公司所有经济业务均已按规定入账，不存在账外资产或未计负债。

7. 本公司认为所有与公允价值计量相关的重大假设是合理的，恰当地反映了本公司的意图和采取特定措施的能力；用于确定公允价值的计量方法符合企业会计制度的规定，并在使用上保持了一贯性；本公司已在财务报表中对上述事项作出恰当披露。

8. 本公司不存在导致重述比较数据的任何事项。

9. 本公司已提供所有与关联方和关联方交易相关的资料，并已根据企业会计制度的规定识别和披露了所有重大关联方交易。

10. 本公司已提供全部或有事项的相关资料。除财务报表附注中披露的或有事项外，本公司不存在其他应披露而未披露的诉讼、赔偿、承兑、担保等或有事项。

11. 除财务报表附注披露的承诺事项外，本公司不存在其他应披露而未披露的承诺事项。

12. 本公司不存在未披露的影响财务报表公允性的重大不确定事项。

13. 本公司已采取必要措施防止或发现舞弊及其他违反法规行为，未发现：

（1）涉及管理层的任何舞弊行为或舞弊嫌疑的信息；

（2）涉及对内部控制产生重大影响的员工的任何舞弊行为或舞弊嫌疑的信息；

（3）涉及对财务报表的编制具有重大影响的其他人员的任何舞弊行为或舞弊嫌疑的信息。

14. 本公司严格遵守了合同规定的条款，不存在因未履行合同而对财务报表产生重大影响的事项。

15. 本公司对资产负债表上列示的所有资产均拥有合法权利，除已披露事项外，无其他被抵押、质押资产。

16. 本公司编制财务报表所依据的持续经营假设是合理的，没有计划终止经营或破产清算。

17. 本公司已提供全部资产负债表日后事项的相关资料，除财务报表附注中披露的资产负债表日后事项外，本公司不存在其他应披露而未披露的重大资产负债表日后事项。

18. 本公司管理层确信：

（1）未收到监管机构有关调整或修改财务报表的通知；

（2）无税务纠纷。

19. 其他事项

【注册会计师认为重要而需声明的事项，或者管理层认为必要而声明的事项。例如：

1. 本公司在银行存款或现金运用方面未受到任何限制。

2. 本公司对存货均已按照企业会计制度的规定予以确认和计量；受托代销商品或不属于本公司的存货均未包括在会计记录内；在途物资或由代理商保管的货物均已确认为本公司存货。

3. 本公司不存在未披露的大股东及关联方占用资金和担保事项。】

附件：未更正错报汇总表

S公司（盖章）
法定代表人：（签名）
财务负责人：（签名）
二○×九年×月×日

附件：

未更正错报汇总表

序号	内容及说明	索引号	未调整内容				备注
			借方项目	借方金额	贷方项目	贷方金额	

本公司经考虑认为，上述未更正错报对公司财务报表整体不会产生重大影响，未予调整。

七、审计总结

被审计单位：	**索引号：** 6600
项目：	**截止日/期间：**
编制：	**复核：**
日期：	**日期：**

一、审计基本情况
二、审计中发现的重大事项及其处理 （包括但不限于重大事项概要汇总表的事项）
三、审计结论
四、对下年度审计工作及今后相关业务的建议

八、审计工作完成情况核对表

被审计单位：	索引号：6700
项目：	截止日/期间：
编制：	复核：
日期：	日期：

审计工作	是/否/不适用	备注	索引号
1. 是否执行业务承接或保持的相关程序？			
2. 是否签订审计业务约定书？			
3. 是否制定审计计划？			
4. 审计计划制定过程中，是否了解被审计单位及其环境并评估重大错报风险，包括舞弊风险？			
5. 是否召开项目组会议对财务报表存在重大错报的可能性进行讨论，包括舞弊导致错报的可能性？			
6. 审计计划是否经适当人员批准？			
7. 是否与被审计单位就审计计划相关事项进行沟通？			
8. 对计划的修改是否得到记录？			
9. 是否已获取所有必要的来自银行、律师、债权人、债务人、持有存货的第三方等外部机构的询证函回函或确认函？			
10. 所有重要实物资产是否均已实施监盘？			
11. 当涉及利用其他注册会计师或专家的工作时，能否确信其他注册会计师或专家的工作可以满足审计的要求？			
12. 计划执行的其他重要审计程序是否全部执行完毕，未能执行的审计程序是否实施了替代审计程序？			
13. 审计范围是否受到限制？			
14. 是否对风险评估结果进行复核，已确定其是否仍然适当？如果应当修正风险评估结果，是否已修改？是否同步修改计划实施的进一步审计程序？			
15. 是否恰当应对在审计过程中识别的舞弊导致的重大错报风险？			
16. 是否对期后事项实施审计，并考虑对财务报表的影响？			

续表

审计工作	是/否/不适用	备注	索引号
17. 是否对或有事项实施审计，并考虑对财务报表的影响？			
18. 是否对关联方及关联方交易实施审计，并考虑对财务报表的影响？			
19. 是否对被审计单位持续经营能力具有重大影响的事项实施审计？			
20. 是否已就审计中发现的重大错报及其他对财务报表产生重大影响的重大事项与适当层次的管理层或治理层沟通？			
21. 是否在审计结束时或临近结束时对财务报表进行总体复核？			
22. 是否召开项目组会议，并确定建议调整事项和试算平衡表？			
23. 是否编制重大事项概要，是否所有重大事项均已得到满意解决？			
24. 是否与被审计单位就建议调整事项进行沟通，并经被审计单位确认？			
25. 是否累计所有未更正错报，包括错误和推断误差，并评估未更正错报对财务报表的影响？			
26. 未更正错报汇总表是否经被审计单位确认？			
27. 董事会是否已批准审计后的财务报表？			
28. 项目负责经理是否已复核工作底稿？			
29. 项目负责合伙人是否已复核工作底稿？			
30. 是否已完成项目质量控制复核（必要时）？			
31. 是否已获取管理层声明书原件，并确定其签署日期与审计准则规定的日期一致？			
32. 是否完成审计总结？			

九、业务复核核对表

被审计单位：	**索引号：** 6800
项目：	**截止日/期间：**
编制：	**复核：**
日期：	**日期：**

一、项目负责经理复核

复核事项	是/否/不适用	备注
1. 是否已复核审计计划，以及导致对审计计划作出重大修改的事项？ 2. 是否已复核重要的财务报表项目？ 3. 是否已复核特殊交易或事项，包括债务重组、关联方交易、非货币性交易、或有事项、期后事项、持续经营能力等？ 4. 是否已复核重要会计政策、会计估计的变更？ 5. 是否已复核重大事项概要？ 6. 是否已复核建议调整事项？ 7. 是否已复核管理层声明书，股东（大）会、董事会相关会议纪要，与客户的沟通记录及重要会谈记录，律师询证函复函？ 8. 是否已复核审计总结？ 9. 是否已复核已审计财务报表和拟出具的审计报告？ 10. 实施上述复核后，是否可以确定下列事项： （1）审计工作底稿提供了充分、适当的记录，作为审计报告的基础？ （2）已按照中国注册会计师审计准则的规定执行了审计工作？ （3）对重大错报风险的评估及采取的应对措施是恰当的，针对存在特别风险的审计领域，设计并实施了针对性的审计程序，且得出了恰当的审计结论？ （4）作出的重大判断恰当合理？ （5）提出的建议调整事项恰当，相关调整分录正确？ （6）未更正错报无论是单独还是汇总起来对财务报表整体均不具有重大影响？ （7）已审计财务报表的编制符合企业会计制度的规定，在所有重大方面公允反映了被审计单位的财务状况、经营成果和现金流量？ （8）已按照中国注册会计师审计准则的规定发表了恰当的审计意见，拟出具的审计报告措辞恰当？		

签字：＿＿＿＿＿＿＿＿　日期：＿＿＿＿＿＿＿＿

二、项目负责合伙人复核

复核事项	是/否/不适用	备注
1. 是否已复核审计计划，以及导致对审计计划作出重大修改的事项？ 2. 是否已复核重大事项概要？ 3. 是否已复核存在特别风险的审计领域，以及项目组采取的应对措施？ 4. 是否已复核项目组作出的重大判断？ 5. 是否已复核建议调整事项？ 6. 是否已复核管理层声明书，股东大会、董事会相关会议纪要，与客户的沟通记录及重要会谈记录，律师询证函复函？ 7. 是否已复核审计总结？ 8. 是否已复核已审计财务报表和拟出具的审计报告？ 9. 实施上述复核后，是否可以确定： （1）对项目负责经理实施的复核结果满意？ （2）对重大错报风险的评估及采取的应对措施是恰当的，针对存在特别风险的审计领域，设计并实施了针对性的审计程序，且得出了恰当的审计结论？ （3）项目组作出的重大判断恰当合理？ （4）提出的建议调整事项恰当合理，未更正错报无论是单独还是汇总起来对财务报表整体均不具有重大影响？ （5）已审计财务报表的编制符合企业会计制度的规定，在所有重大方面公允反映了被审计单位的财务状况、经营成果和现金流量？ （6）已按照中国注册会计师审计准则的规定发表了恰当的审计意见，拟出具的审计报告措辞恰当？		

签字：________________ 日期：________________

三、项目质量控制复核（必要时）

复核事项	是/否/不适用	备注
1. 项目质量控制复核之前进行的复核是否均已得到满意的执行？ 2. 是否已复核项目组针对本业务对本所独立性作出的评价，并认为该评价是恰当的？ 3. 是否已复核项目组在审计过程中识别的特别风险以及采取的应对措施，包括项目组对舞弊风险的评估及采取的应对措施，认为项目组作出的判断和应对措施是恰当的？ 4. 是否已复核项目组作出的判断，包括关于重要性和特别风险的判断，认为这些判断恰当合理？ 5. 是否确定项目组已就存在的意见分歧、其他疑难问题或争议事项进行适当咨询，且咨询得出的结论是恰当的？		

续表

复核事项	是/否/不适用	备注
6. 是否已复核项目组与管理层和治理层沟通的记录以及拟与其沟通的事项，对沟通情况表示满意？ 7. 是否认为所复核的审计工作底稿反映了项目组针对重大判断执行的工作，能够支持得出的结论？ 8. 是否已复核审计后的财务报表和拟出具的审计报告，认为审计后的财务报表符合企业会计制度的规定，拟出具的审计报告已按照中国注册会计师审计制度的规定发表了恰当的审计意见？		

签字：______________________ 日期：____________________

第六部分

附　录

附录1：

本书使用的索引表

工作底稿名称	索引号
第一部分　初步业务活动工作底稿	**1000**
一、初步业务活动程序表	1000
二、业务承接/保持评价表	1100
三、审计业务约定书	1200
第二部分　风险评估工作底稿	**2000**
一、了解被审计单位及其环境（不包括内部控制）	2100
（一）了解被审计单位及其环境（不包括内部控制）程序表	2100
（二）了解被审计单位及其环境（不包括内部控制）调查表	2110
（三）分析程序表（用作风险评估程序）	2120
二、了解被审计单位内部控制	2200
（一）了解整体层面内部控制	2210
1. 了解整体层面内部控制结论汇总表	2210
2. 了解整体层面内部控制调查表	2211
（二）了解业务流程层面内部控制	2220
1. 了解业务流程层面内部控制结论汇总表	2220
2. 业务流程层面内部控制设计和执行情况评价表	2221
3. 穿行测试表	2221 –1
三、舞弊风险评估与应对	2300
四、项目组讨论纪要——风险评估	2400
五、风险评估结果汇总表	2500
六、审计计划	2600
第三部分　进一步审计程序工作底稿	
一、控制测试工作底稿	**3000**
（一）控制测试结果汇总表	3000
（二）控制运行有效性测试表	3100
（三）控制测试审计抽样	3110
二、实质性程序工作底稿	**4000**

续表

工作底稿名称	索引号
（一）资产类	4100
1. 货币资金	4101
2. 短期投资	4102
3. 应收票据	4103
4. 应收股利	4104
5. 应收利息	4105
6. 应收账款	4106
7. 其他应收款	4107
8. 预付账款	4108
9. 应收补贴款	4109
10. 存货	4110
11. 待摊费用	4111
12. 长期股权投资	4112
13. 长期债权投资	4113
14. 固定资产	4114
15. 工程物资	4115
16. 在建工程	4116
17. 固定资产清理	4117
18. 无形资产	4118
19. 长期待摊费用	4119
（二）负债类	4200
1. 短期借款/长期借款	4201
2. 应付票据	4202
3. 应付账款	4203
4. 预收账款	4204
5. 应付工资/应付福利费	4205
6. 应付股利	4206
7. 应交税金/其他应交款	4207
8. 其他应付款	4208
9. 预提费用	4209

续表

工作底稿名称	索引号
10. 预计负债	4210
11. 长期应付款	4211
12. 专项应付款	4212
（三）所有者权益类	4300
1. 实收资本（股本）	4301
2. 资本公积	4302
3. 盈余公积	4303
4. 未分配利润	4304
（四）损益类	4400
1. 主营业务收入	4401
2. 主营业务成本	4402
3. 主营业务税金及附加	4403
4. 其他业务利润	4404
5. 营业费用	4405
6. 管理费用	4406
7. 财务费用	4407
8. 投资收益	4408
9. 补贴收入	4409
10. 营业外收入	4410
11. 营业外支出	4411
12. 所得税	4412
第四部分 其他项目工作底稿	**5000**
一、对被审计单位违反法规行为的考虑	5100
二、前后任注册会计师的沟通	5200
三、关联方及关联方交易	5300
四、持续经营	5400
五、首次接受委托时对期初余额的审计	5500
六、比较数据	5600
七、或有事项	5700
八、期后事项	5800

续表

工作底稿名称	索引号
九、现金流量表	5900
第五部分　业务完成阶段工作底稿	**6000**
一、业务完成阶段审计工作	6000
二、试算平衡表及审计调整表	6100
（一）资产负债表试算平衡表	6110
（二）利润表试算平衡表	6120
（三）账项调整分录汇总表	6130
（四）重分类调整分录汇总表	6140
（五）列报调整汇总表	6150
（六）未更正错报汇总表	6160
三、与治理层的沟通函	6200
四、专业意见分歧解决表	6300
五、重大事项概要汇总表	6400
六、管理层声明书	6500
七、审计总结	6600
八、审计工作完成情况核对表	6700
九、业务复核核对表	6800

注：如有附表，请按照百、十、个位的顺序排列。如已至个位数字，则在后面用 -1，-1-1 表示。例如：货币资金实质性程序：4101，货币资金审定表：4101-1。

附录 2：

永久性档案清单

档案名称		索引号
永久性档案增补记录		略
审计项目管理	被审计单位地址、主要联系人、职位、电话	略
	参与项目的其他注册会计师或专家的姓名和地址	略
	审计业务约定书原件	略
	各期审计档案清单	略
公司历史沿革及法律资料	政府批文	略
	营业执照	略
	税务登记证	略
	公司章程及章程修正案	略
	历史发展资料	略
组织结构	组织结构图	略
	各投资方简介	略
	管理层和财务人员（名单、职责）	略
	董事会成员清单	略
	分支机构资料	略
	所投资企业资料	略
	董事会议事规则	略
	经理会议事规则	略
	与投资者关系管理制度	略
	重大经营决策的程序、规则及权限	略
	重大投资决策的程序、规则及权限	略
	对外担保的程序、规则及权限	略
	关联方交易决策的程序与规则	略
	考核、激励管理办法	略
主要业务与技术资料	公司经营范围与主营业务	略
	主要产品生产工艺流程	略
	主要产品的主要原材料和能源及成本构成	略

续表

档案名称		索引号
主要业务与技术资料	主要产品销售情况	略
	主要客户和供应商情况	略
	特殊行业许可证书	略
	资质证书	略
	商标证书	略
	专利证书	略
	非专利技术	略
	重要特许权利	略
	质量管理体系认证证书	略
	环境管理系统认证证书	略
	生产安全认证证书	略
关联方资料	关联方名称清单	略
	关联方资料	略
	重大关联方交易资料	略
财务管理制度	资金管理办法	略
	存货管理办法	略
	固定资产管理办法	略
	在建工程管理办法	略
	合同管理办法	略
	费用报销管理办法	略
	会计稽核管理办法	略
	会计电算化管理办法	略
	会计档案管理办法	略
	授权控制制度	略
	员工福利及奖励制度	略
重要经济合同或协议	无形资产转让协议	略
	资产出让或出售协议	略
	资产置换协议	略
	对外投资或股权转让协议	略
	债务重组协议	略
	融资租赁协议	略

续表

档案名称		索引号
重要经济合同或协议	重要销售合同	略
	重要采购合同	略
	重大设施、设备经营租赁协议	略
	托管协议	略
	委托理财协议	略
	担保协议	略
重要实物资产	重要土地目录	略
	国有土地使用证	略
	土地出让合同或转让协议	略
	发票或收据	略
	房地产开发用地规划许可证	略
	房地产开发工程规划许可证	略
	房地产开发建设工程许可证	略
	房地产开发商品房销售许可证	略
	重大拆迁补偿协议	略
监管机构相关资料	海关监管报告	略
	所得税减免批准证明	略
	税收资料	略
中介机构相关资料	验资报告	略
	审计报告	略
	管理建议书	略
	内部控制审核报告	略
	资产评估报告	略
会议纪要	历次董事会决议	略
	主要经理会纪要	略

后　记

审计准则如何适用于小型企业审计，是准则制定者和使用者非常关注的问题。国际会计师联合会一直探索小型企业审计如何运用国际审计准则的问题，并在今年颁布了中小事务所执行国际审计准则指南，以协助注册会计师开展高质量的、符合成本效益原则的中小企业审计工作，从而更好地服务于社会公众利益。

新审计准则自2007年1月1日起施行以来，运行良好，成效显著。但也有部分中小会计师事务所反映运用审计准则执行小型企业审计时存在困难，如审计的时间和成本增加，缺乏运用审计准则的资源和能力，以及尚不存在适用于小型企业审计的操作规程。针对这些问题，我们组织专家编写了本指南。

陈毓圭秘书长、杨志国副秘书长主持了本书框架结构和主要内容的设计，相关专家参加了编写工作。负责编写的人员包括于延琦、马洪、马英杰、邓书法、罗梅、孟庆文、陈龙伟、赵兰芳、唐建华、倪侃侃、韩晓梅、潘峰、薛隽和魏先锋。任汝娴提供了咨询意见。

对于书中错漏之处，恳请读者批评指正。

中国注册会计师协会

二〇〇八年十月

小型企业财务报表审计工作底稿编制指南编写组组成名单

组　长　杨志国　（中国注册会计师协会副秘书长）

副组长　唐建华　（中国注册会计师协会专业标准与技术指导部副主任）

于延琦　（辽宁省注册会计师协会副秘书长）

潘　峰　（安徽华普会计师事务所副主任会计师）

成　员　（以下按姓氏笔划排序）

马　洪　（深圳马洪会计师事务所主任会计师）

马英杰　（上海均富潘陈张佳华会计师事务所高级经理）

邓书法　（北京青松审信科技有限公司总经理）

罗　梅　（中国注册会计师协会专业标准与技术指导部副主任）

孟庆文　（威海英华联合会计师事务所副主任会计师）

陈龙伟　（中国注册会计师协会专业标准与技术指导部）

赵兰芳　（中国注册会计师协会专业标准与技术指导部）

倪侃侃　（浙江天健会计师事务所经理）

韩晓梅　（南京理工大学经管学院会计系副教授）

薛　隽　（上海浩威会计师事务所副主任会计师）

魏先锋　（中瑞岳华会计师事务所副主任会计师）